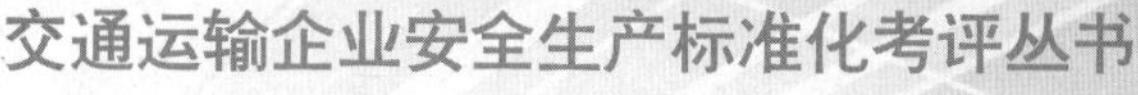
交通运输企业安全生产标准化考评丛书

交通运输企业安全生产标准化管理制度释义

交通运输部安全监督司 编

人民交通出版社

内 容 提 要

本书为交通运输企业安全生产标准化管理制度释义，由交通运输企业安全生产标准化考评管理办法释义、交通运输企业安全生产标准化考评发证实施办法释义、交通运输企业安全生产标准化考评机构管理实施办法释义、交通运输企业安全生产标准化考评员管理实施办法释义四部分组成。

本书适合交通运输企业安全生产管理人员学习参考，也可供交通运输企业安全生产标准化考评员学习使用。

图书在版编目(CIP)数据

交通运输企业安全生产标准化管理制度释义/交通运输部安全监督司编．—北京：人民交通出版社，2012.10

ISBN 978-7-114-10029-1

Ⅰ.①交… Ⅱ.①交… Ⅲ.①交通运输企业－安全生产－标准化管理－注释－中国 Ⅳ.①F512.6

中国版本图书馆 CIP 数据核字(2012)第 207067 号

Jiaotong Yunshu Qiye Anquan Shengchan Biaozhunhua Guanli Zhidu Shiyi

书　　名：交通运输企业安全生产标准化管理制度释义
著 作 者：交通运输部安全监督司
责任编辑：林宇峰
出版发行：人民交通出版社
地　　址：（100011）北京市朝阳区安定门外外馆斜街3号
网　　址：http：//www.ccpress.com.cn
销售电话：（010）85285969，85285966
总 经 销：北京金飞图书发行中心
经　　销：各地新华书店
印　　刷：北京交通印务实业公司
开　　本：787×1092　1/16
印　　张：9.25
字　　数：130千
版　　次：2012年10月　第1版
印　　次：2014年 3 月　第4次印刷
书　　号：ISBN 978-7-114-10029-1
定　　价：35.00元
（有印刷、装订质量问题的图书由本社负责调换）

序 XU

近年来，党和国家越来越重视安全生产工作，把安全生产置于前所未有的高度。交通运输作为国民经济和社会发展的基础和先导性行业，其安全生产是我国安全生产的重要组成部分，直接关系到人民群众生命财产安全，关系到改革发展稳定大局，关系到党和政府形象及声誉。

交通运输部一直高度重视安全生产工作，坚决贯彻党和国家关于安全生产一系列决策部署，坚持科学发展安全发展，坚持以人为本，坚持把安全生产工作放在首位，并作为推进现代交通运输事业发展的重要前提。

企业安全生产标准化是通过建立安全生产责任制，规范生产行为，健全长效管理机制，使各生产环节中的人、机、物、环处于良好状态，并持续改进，从而不断提升企业本质安全生产水平。

为更好地指导和推动全国交通运输企业安全生产标准化建设工作，按照国务院相关部署，交通运输部相继出台了交通运输企业安全生产标准化建设实施方案、考评管理办法、考评发证实施办法、考评机构管理实施办法和考评员管理实施办法，制定了达标考评指标。并组织有关单位和专家编写了交通运输企业安全生产标准化考评丛书。该丛书共13册，主要供各级交通运输主管部门、交通运输企业、考评机构和考评员学习使用。

希望全国交通运输系统各部门、各单位和从事安全生产标准化考评工作的人员按照交通运输部的统一部署，把加强企业安全生产标准化建设工作作为当前和今后一个时期的重要工作任务，抓好抓细抓实、抓出成效，进一步推进交通运输安全生产持续稳定好转。

交通运输部部长 李盛霖

2012年7月27日

交通运输企业安全生产标准化考评丛书

本书编写组

宋佳森　陈佳元　戴广超　褚冠全　季学伟　宋宏图
杨云超　张　赫

鸣　谢

北京市交通委员会

湖北省交通运输厅

重庆市交通委员会

江苏省交通运输厅

山西省交通运输厅

福建省交通运输厅

江西省交通运输厅

河南省交通运输厅

长江航务管理局

交通运输部水运科学研究院

中国船级社

中国交通建设集团

中远集团

中国外运长航集团

中国交通企业管理协会

北京交运安全卫生技术咨询中心

目　录 MULU

第一篇　交通运输企业安全生产标准化考评管理办法释义

第一章　总则 …… 3
第二章　考评机构与考评员 …… 24
第三章　考评与发证 …… 29
第四章　责任与义务 …… 40
第五章　附则 …… 44

第二篇　交通运输企业安全生产标准化考评发证实施办法释义

第一章　总则 …… 63
第二章　考评流程 …… 65
第三章　考评发证 …… 72
第四章　日常管理 …… 74
第五章　附则 …… 74

第三篇　交通运输企业安全生产标准化考评机构管理实施办法释义

第一章　总则 …… 81
第二章　考评机构类别与资质 …… 84
第三章　考评机构资质条件 …… 87
第四章　监督管理 …… 90
第五章　附则 …… 101

第四篇　交通运输企业安全生产标准化考评员管理实施办法释义

第一章　总则 …… 109
第二章　资格条件 …… 114
第三章　培训考试与登记 …… 119
第四章　资格证管理 …… 125
第五章　考评员管理 …… 129
第六章　附则 …… 135

第一篇　交通运输企业安全生产标准化考评管理办法释义

第一章　总　　则

【释义】　总则一般是对制定目的、依据、适用范围、基本原则以及其他一些重要问题作出规定，起统领和指导作用。总则中的有关原则和制度，在其后的条文中一般都有具体体现和明确规定。《交通运输企业安全生产标准化考评管理办法》(以下简称《办法》)总则共分七条。

第一条　为贯彻落实国务院关于加强企业安全生产工作的要求，依据《关于进一步加强企业安全生产工作的通知》(国发〔2010〕23号)和《关于坚持科学发展安全发展促进安全生产形势持续稳定好转的意见》(国发〔2011〕40号)，规范交通运输企业安全生产标准化考评及其管理行为，制定本办法。

【释义】　本条是关于《办法》制定目的和依据的规定。

《办法》中的交通运输企业包括直接从事道路、水路运输(含客货运输企业、客货运站场、港口经营企业)、城市客运(含公交、轨道交通、出租汽车企业)、交通运输建设施工、机动车维修等的企业。

一直以来，国家对安全生产工作高度重视，近些年，更是把安全生产提升到了前所未有的高度。国务院于2010年、2011年相继下发了《关于进一步加强企业安全生产工作的通知》(国发〔2010〕23号，以下简称《通知》)和《关于坚持科学发展安全发展促进安全生产形势持续稳定好转的意见》(国发〔2011〕40号，以下简称《意见》)，对全国安全生产工作做了统筹、部署和安排。

一、《通知》基本概况

近年来，全国生产安全事故逐年下降，安全生产状况总体稳定、趋于好转，但形势依然十分严峻，事故总量仍然很大，非法违法生产现象严重，重特大事故多发频发，给人民群众生命财产安全造成重大损失，暴露出一些企业重生产轻安全、安全管理薄弱、主体责任不落实，一些地方和部门安全监管不到位等突出问题。为进一步加强安全生产工作，全面提高企业安全生产水平，国务院下发了《关于进一步加强企业安全生产工作的通知》(国发〔2010〕23 号)。

(一)《通知》制定的背景、意义和起草过程

《通知》的制定出台，是党和国家在全国上下深入贯彻落实科学发展观，转变经济发展方式，调整产业结构，推进经济平稳较快发展和建设和谐社会的重要时期，对安全生产工作作出的重大决策和部署，充分体现了党中央、国务院对安全生产工作的高度重视，对人民群众的深切关怀。

2010 年以来，针对一些地区相继发生的重特大事故，中央领导同志高度重视，多次做出重要批示。特别是华晋焦煤集团王家岭煤矿发生“3.28”特别重大透水事故后，温家宝总理批示要在做好事故抢险救援、调查处理、开展安全大检查的同时，结合转变发展方式，从根本上提高企业技术水平、安全标准和管理能力。张德江副总理明确要求安全监管总局、工业和信息化部等部门研究提出深入贯彻落实科学发展观，全面加强企业管理，提高企业安全生产水平的工作方案，并指示国务院发展研究中心开展专题研究。

国务院制定出台这个文件，主要基于以下几点：

一是进一步巩固发展安全生产形势。党中央、国务院对安全生产工作始终高度重视，相继出台了加强安全生产工作的一系列政策措施。在党中央、国务院的高度重视和坚强正确领导下，在国家相关部门的指导推动下，通过各地区、各部门和各单位的共同努力，全国安全生产状况呈现总体稳定、趋于好转的发展态势。2009 年全国生产安全事故死亡人数在 2008 年降到 10 万人以下的基础上又降到了 9 万人以下，事故起数和死亡人数连续 7 年实现了“双下降”。在新的历史时期，针对经济社会发展特别是在转变经济发展方式中出现的新形势新情况，需要进一步制定和完善相关政策措施，继续把安全生产工作推向深入，巩固和发展不断取得的安全生产成效。

二是重点解决当前安全生产暴露出的突出问题。我们应清醒地看到，由于受生产力发展不均衡和基础薄弱的制约，安全生产形势仍然严峻，2010 年上半年在事故总量同比继续下降的同时，重特大事故有所反弹，尤其是先后发生 6 起一次死亡 30 人以上的特别重大事故（1 月 5 日 12 时 20 分，湖南省湘潭市湘潭县，谭家山镇立胜煤矿井下发生一起电缆着火事故，34 人死亡；3 月 1 日 7 时 29 分，内蒙神华乌海能源有限公司骆驼山煤矿，16 层回风巷掘进工作面发生透水事故，造成 32 人死亡；3 月 28 日 13 时 40 分，山西临汾地区乡宁县华晋焦煤公司王家岭矿北冀盘区 101 回风顺槽发生透水事故，造成 37 人死亡；3 月 31 日 19 时 20 分，河南洛阳市伊川县国民煤业有限公司发生煤与瓦斯突出事故，引起地面副井口爆炸。造成井下 39 人死亡，地面 5 人死亡；5 月 23 日 2 时，辽宁省阜新市彰武县境内，一辆严重超载的豪华卧铺客车在铁朝高速公路 306 公里处，与一辆逆行的大挂车相撞，造成 33 人死亡；6 月 21 日 1 时 40 分，河南平顶山市卫东区兴东二矿，井下发生火药爆炸事故，造成 49 人死亡。）给人民群众生命财产安全造成重大损失，在社会上产生恶劣影响。针对当前的安全生产状况，结合国务院安委会于 5 月中下旬开展的安全生产大检查所发现的突出问题，安全监管总局在向国务院作出专题报告中，对事故多发的原因作了深入分析，主要是：一些企业在经济回升向好的情况下，盲目追求经济效益，重生产轻安全，安全管理薄弱，安全生产主体责任不落实；无证或证照不全非法生产，超能力、超强度、超定员违法违规生产，小煤矿整合技改期间非法组织生产；一些地方和部门安全监管责任不落实、措施不到位等。这些问题如何解决，在《通知》的具体内容中都做了重点解答，制定了更加严厉的政策、制度和措施。

三是切实强化企业安全生产主体责任落实。企业的安全生产状况关系安全生产大局，企业是安全生产的“内因”、根本，国家有关安全生产法律法规最终要落实到企业，全国安全生产整体水平的提高最终也必须体现在企业的经营管理上。各级政府、部门以及企业本身所做的努力，都是为了促进企业安全管理的不断加强，保证人民群众生命财产安全。只有提高企业的安全生产水平，才能真正实现安全生产形势的持续稳定好转。因此，做好安全生产工作，切实有效的遏制重特大事故，首先是也必须要紧紧抓住企业这个“主体”，通过加强安全管理、加大安全投入、强化技术装备、严格安全监管、严肃责任追究等有力措施，督促提高企业的安全生产保障能力。

文件起草所遵循的原则，是根据中央领导同志重要批示精神，深入贯彻落实科学发展观，结合转变经济发展方式，坚持安全发展、预防为主，从根本上提高企业的安全生产水平。从3月底开始，安全监管总局会同工业和信息化部、发展改革委、国资委等部门在开展调查研究的基础上，就进一步加强企业安全生产工作起草了《通知》稿。5月14日，张德江副总理专门召开会议，听取了有关情况的汇报并提出了修改指导意见。之后，在国务院应急办的具体指导和大力协调下，会同有关部门先后进行了10多次修改，期间吸收了国务院发展研究中心专题研究成果，广泛征求了发展改革委等27个部门的意见，并达成一致。7月7日，国务院召开第118次常务会议，原则审议了《关于进一步加强企业安全生产工作的通知》稿；经进一步修改完善，7月19日，国务院以国发〔2010〕23号文件正式出台。

《通知》是继2004年国务院《关于进一步加强安全生产工作的决定》、2005年国务院第116次常务会议提出的安全生产12项治本之策之后，国务院出台的又一个安全生产的重要文件，意义重大、影响深远，必将对加强企业安全生产工作，推进全国安全生产形势持续稳定好转起到重要作用。

（二）《通知》需要把握的精神内涵

《通知》共9部分、32条，体现了党中央、国务院关于加强安全生产工作的重要决策部署和一系列指示精神，体现了“安全发展，预防为主”的原则要求和安全生产工作标本兼治、重在治本，重心下移、关口前移的总体思路。学习领会《通知》精神，总体上应把握以下三个方面：

一要牢牢把握《通知》提出的“三个坚持”。坚持以人为本,牢固树立安全发展的理念,切实转变经济发展方式,把经济发展建立在安全生产有可靠保证的基础上;坚持“安全第一,预防为主,综合治理”的方针,从管理、制度、标准和技术等方面,全面加强企业安全管理;坚持依法依规生产经营,集中整治非法违法行为,强化责任落实和责任追究。这“三个坚持”是指导和推动加强企业安全生产工作的总体要求,必须贯穿安全生产工作的全过程。

二要紧紧抓住重特大事故多发的8个重点行业领域。煤矿、非煤矿山、交通运输、建筑施工、危险化学品、烟花爆竹、民用爆炸物品、冶金等8个行业领域,事故易发、多发、频发,重特大事故集中、长期以来尚未得到切实有效遏制。当前和今后一个时期,必须从这8个重点行业领域入手,紧紧抓住不放,落实企业安全生产主体责任,强化企业安全管理;落实政府和部门的安全监管责任,推动提升企业安全生产水平。

三要施以更加严格严厉的综合治理措施。《通知》的每一项规定都集中体现了这一要求。进一步加强新形势下企业安全生产工作,切实解决一些长期以来影响和制约安全生产的关键问题、重点和难点问题,就是必须要以更坚定的信念、更大的决心、更强有力的政策措施,通过更加严格的企业安全管理、更加坚实的技术保障、更加有力的安全监管、更加高效的应急救援体系、更高标准的行业准入、更加有力的政策引导、更加注重经济发展方式转变、更加严格的目标考核和责任追究等,形成安全生产长效机制。这是我们学习领会和贯彻落实过程中,以及各地区、各部门制定相关配套措施中必须切实注意的方面。

(三)《通知》突出“十个创新、十个强化”

《通知》的一些条文突破了原有的规定,具有明显的创新性;同时在现有政策措施的基础上,对一些规定又作了相应的完善和调整,进一步做了强化和规范。

制度创新比较突出的有以下十项:

一是重大隐患治理和重大事故查处督办制度。对重大安全隐患治理实行逐级挂牌督办、公告制度，国家相关部门加强督促检查；对事故查处实行层层挂牌督办，重大事故查处由国务院安委会挂牌督办。

二是领导干部轮流现场带班制度。要求企业负责人和领导班子成员要轮流现场带班，其中煤矿和非煤矿山要有矿领导带班并与工人同时下井、升井。对发生事故而没有领导干部现场带班的，要严肃处理。

三是先进适用技术装备强制推行制度。对安全生产起到重要支撑和促进作用的安全生产技术装备，规定推广应用到位的时限要求，其中煤矿“六大系统”要在3年之内完成。逾期未安装的，要依法暂扣安全生产许可证和生产许可证。

四是安全生产长期投入制度。规定企业在制定财务预算中必须确定必要的安全投入，落实地方和企业对国家投入的配套资金，研究高危行业安全生产费用提取下限标准并适当扩大范围，加强道路交通事故社会求助基金制度建设，积极稳妥推行安全生产责任保险制度等。

五是企业安全生产信用挂钩联动制度。规定要将安全生产标准化分级评价结果，作为信用评级的重要考核依据；对发生重特大事故或一年内发生2次以上较大事故的，一年内严格限制新增项目核准、用地审批、证券融资等，并作为银行贷款的重要参考依据。

六是应急救援基地建设制度。规定先期建设7个国家矿山救援队，配备性能先进、机动性强的装备和设备；明确进一步推进6个行业领域的国家救援基地和队伍建设。

七是现场紧急撤人避险制度。赋予企业生产现场带班人员、班组长和调度人员，在遇到险情第一时间下达停产撤人命令的直接决策权和指挥权。

八是高危企业安全生产标准核准制度。规定加快制定修订各行业的生产、安全技术和高危行业从业人员资格标准，要把符合安全生产标准要求作为高危行业企业准入的前置条件，严把安全准入关。

九是工伤事故死亡职工一次性赔偿制度。规定提高赔偿标准,对因生产安全事故造成的职工死亡,其一次工亡补助标准调整为按全国上一年度城镇居民人均可支配收入的20倍计算。

十是企业负责人职业资格否决制度。规定对重大、特别重大事故负有主要责任的企业,其主要负责人,终身不得担任本行业企业的矿长(厂长、经理)。

在以上规定的同时,《通知》还就十个方面的工作作了完善和强调:

一是强化隐患整改效果,要求做到整改措施、责任、资金、时限和预案"五到位",实行以安全生产专业人员为主导的隐患整改效果评价制度。强调企业要每月进行一次安全生产风险分析,建立预警机制。

二是要求全面开展安全生产标准化达标建设,做到岗位达标、专业达标和企业达标,并强调通过严格生产许可证和安全生产许可证管理,推进达标工作。

三是加强安全生产技术管理和技术装备研发,要求健全机构,配备技术人员,强化企业主要技术负责人技术决策和指挥权;将安全生产关键技术和装备纳入国家科学技术领域支持范围和国家"十二五"规划重点推进。

四是安全生产综合监管、行业管理和司法机关联合执法,严厉打击非法违法生产、经营和建设,取缔非法企业。

五是强化企业安全生产属地管理,对当地包括中央和省属企业安全生产实行严格的监督检查和管理。

六是积极开展社会监督和舆论监督,维护和落实职工对安全生产的参与权与监督权,鼓励职工监督举报各类安全隐患。

七是严格限定对严重违法违规行为的执法裁量权,规定对企业"三超"(超能力、超强度、超定员)组织生产的、无企业负责人带班下井或该带班而未带班的等,要求按有关规定的上限处罚;对以整合技改名义违规组织生产的、拒不执行监管指令的、违反建设项目"三同时"规定和安全培训有关规定的等,要依法加重处罚。

八是进一步加强安全教育培训，鼓励进一步扩大采矿、机电、地质、通风、安全等专业技术和技能人才培养。

九是强化安全生产责任追究，规定要加大重特大事故的考核权重，发生特别重大生产安全事故的，要视情节追究地级及以上政府（部门）领导的责任；加大对发生重大和特别重大事故企业负责人或企业实际控制人以及上级企业主要负责人的责任追究力度；强化打击非法生产的地方责任。

十是强调要结合转变经济发展方式，就加快推进安全发展、强制淘汰落后技术产品、加快产业重组步伐提出了明确要求。这充分体现了安全生产与经济社会发展密不可分、协调推进的要求，通过不断提高生产力发展水平，从根本上促进企业安全生产水平的提高。

（四）《通知》对地方政府和相关部门的安全责任提出了明确规定

《通知》提出“九、实行更加严格的考核和责任追究”。具体内容为：

严格落实安全目标考核。对各地区、各有关部门和企业完成年度生产安全事故控制指标情况进行严格考核，并建立激励约束机制。加大重特大事故的考核权重，发生特别重大生产安全事故的，要根据情节轻重，追究地市级分管领导或主要领导的责任；后果特别严重、影响特别恶劣的，要按规定追究省部级相关领导的责任。加强安全生产基础工作考核，加快推进安全生产长效机制建设，坚决遏制重特大事故的发生。

对打击非法生产不力的地方实行严格的责任追究。在所辖区域对群众举报、上级督办、日常检查发现的非法生产企业（单位）没有采取有效措施予以查处，致使非法生产企业（单位）存在的，对县（市、区）、乡（镇）人民政府主要领导以及相关责任人，根据情节轻重，给予降级、撤职或者开除的行政处分，涉嫌犯罪的，依法追究刑事责任。国家另有规定的，从其规定。

（五）交通运输部关于贯彻国务院《通知》的内容

为切实加强企业的安全生产工作，贯彻落实《通知》精神，交通运输部结合交通运输安全生产实际，下发了《交通运输部关于贯彻落实国务院通知精神进一步加强企业安全生产工作的意见》（交安监发〔2010〕394 号）（详细内容见附件）。

二、国务院《关于坚持科学发展安全发展促进安全生产形势持续稳定好转的意见》的基本概况

2011 年，国务院从安全生产事关人民群众生命财产安全，事关改革开放、经济发展和社会稳定大局，事关党和政府形象和声誉的高度，为深入贯彻落实科学发展观，实现安全发展，促进全国安全生产形势持续稳定好转，下发了《关于坚持科学发展安全发展促进安全生产形势持续稳定好转的意见》（国发〔2011〕40 号）。

（一）《意见》出台的背景及重大意义

《意见》是在“十一五”时期安全生产工作取得显著成效，“十二五”开局之年全国安全生产状况继续保持稳定好转的发展态势，但形势依然严峻、安全生产任务十分艰巨繁重的背景下出台的。《意见》是与国务院 2004 年《决定》相继承，与国务院 2010 年《通知》相补充，与《安全生产“十二五”规划》相配套，对“十二五”乃至更长时间内的安全生产工作具有重要指导作用，从全局和整体上推进加强安全生产工作的纲领性、规范性文件。

今年“7 · 23”甬温线特别重大铁路交通事故发生后，党中央、国务院对安全生产工作相继作出一系列重大决策部署。8 月，中央领导同志在全国政协副主席、民进中央常务副主席罗富和同志向党中央提出的《关于落实科学发展观、确立安全发展理念的建议》上作出重要批示，要求认真研究贯彻落实科学发展观，坚持科学发展、安全发展的有关问题。国家安监总局党组在认真学习领会中央领导同志重要指示精神和党中央、国务院关于加强安全生产工作的一系列重大决策部署的基础上，围绕坚持科学发展、安全发展，进行深入调查研究，广泛征求国务院安委会各成员单位、各地人民政府意见建议，组织起草了《意见》初稿。张德江副总理对《意见》稿的主题、思路和基本内容等都及时作出了重要指示，

并于10月8日主持召开国务院安委会全体会议，对初稿进行了讨论审议。会后又进行了调整修改，再次下发国务院安委会成员单位征求意见。先后十易其稿，完成了文件的起草任务。最后报请国务院审改、定稿，作为今年的国发40号文件下发。

《意见》坚持以科学发展观为指导和统揽，通篇贯穿着“以人为本、安全发展”的理念，贯穿着党的“安全第一、预防为主、综合治理”的方针，充分体现了党中央、国务院在安全生产上的一系列决策部署和重要指示精神，是指导当前和今后一个时期安全生产工作的纲领性文件。

(二)《意见》的理论创新

《意见》在总结近年来安全生产实践经验的基础上，对安全生产理论做出了重大创新和发展。主要有六个理论创新点：

一是进一步确立了新时期安全生产工作的重要地位和作用。《意见》明确提出了安全生产的“三个事关”(即事关人民群众生命财产安全，事关改革开放、经济发展和社会稳定大局，事关党和政府形象和声誉)。其中，事关党和政府形象和声誉，进一步体现了胡锦涛总书记在十七届三中全会上提出的“能否实现安全发展，是对我们党执政能力的重大考验”的重要思想。《意见》还明确提出“必须始终把安全生产摆在经济社会发展重中之重的位置”。这都有助于我们从战略和全局的高度来充分认识安全生产的极端重要性。

二是进一步阐明了安全发展的深刻内涵。《意见》明确指出，要把安全真正作为发展的前提和基础，使经济社会发展切实建立在安全保障能力不断增强、劳动者生命安全和身体健康得到切实保障的基础之上，确保人民群众平安幸福地享有经济发展和社会进步的成果。对安全发展的内涵作出科学的阐释，有助于在全党全社会进一步凝聚安全发展共识，形成安全发展的合力。

三是提出衡量安全生产工作的基本标准。《意见》提出，要把坚持科学发展安全发展这一重要思想和理念落实到生产经营建设的每一个环节，使之成为衡量各行业领域、各生产经营单位安全生产工作的基本标准，自觉做到不安全不生产，实现安全与发展的有机统一。这一衡量标准的提出，对于深化安全生产的认识，从根本上提高安全生产水平，提出更高的要求。

四是进一步确认“事故易发期理论”。《意见》明确提出，我国正处于工业化、城镇化快速发展进程中，处于生产安全事故易发多发的高峰期。这样的表述，体现了中央在对现阶段安全生产规律的清醒认识和准确把握，也体现了实事求是的科学态度。在工业化进程中必然度过一个“事故易发期”，这是所有工业化国家都经历的一个不可逾越的历史阶段。把握这个规律性认识，有助于我们始终保持清醒的头脑，采取更加有力的政策措施，尽量缩短“易发期”进程，实现安全生产状况的根本好转。

五是提出大力实施安全发展战略。战略泛指统领性的、全局性的、左右胜败的谋略和对策。把安全发展作为一项战略来实施，这是中央在科学把握现阶段社会特征和安全生产规律的基础上，有效应对新情况新问题，而作出的重大决策。《意见》在确认“事故易发期理论”的基础上，明确提出，安全生产工作既要解决长期积累的深层次、结构性和区域性问题，又要应对不断出现的新情况、新问题，根本出路在于坚持科学发展、安全发展。为此，《意见》在指导思想中明确提出“大力实施安全发展战略”。

六是进一步完善了安全生产的宏观思路。《意见》站在大力实施安全发展战略的高度，明确了安全生产工作的指导思想，提出四条基本原则，即统筹兼顾、协调发展；依法治安、综合治理；突出预防、落实责任；依靠科技、创新管理。这些原则，既体现了党的安全生产方针的基本要求，又切中安全生产的主要矛盾和问题，具有很强的针对性和指导性，是带有规律性的理论概括。

(三)《意见》中提出的安全生产重点建设任务

《意见》在“深化重点行业领域安全专项整治”这一部分，针对煤矿、交通运输、危险化学品、非煤矿山、建筑施工、消防、冶金等行业领域存在的突出问题，分别提出明确具体的要求。除此之外,还提出7项具有长远意义的重点建设任务。

(1)安全生产隐患排查治理体系建设。要求充分运用科技和信息手段,建立健全安全生产隐患排查治理体系,强化监测监控、预报预警,及时发现和消除安全隐患。企业要定期进行安全风险评估分析,重大隐患要及时报安全监管监察和行业主管部门备案。特别强调注重发挥注册安全工程师对企业安全状况诊断、评估、整改方面的作用。

(2)企业安全生产标准化建设。要求加强对企业达标创建工作的监督指导,对在规定期限内未实现达标的企业,要依据有关规定暂扣其生产许可证、安全生产许可证,责令停产整顿;对整改逾期仍未达标的,要依法予以关闭。加强安全标准化分级考核评价,将评价结果向银行、证券、保险、担保等主管部门通报,作为企业信用评级的重要参考依据。

(3)应急救援队伍和基地建设。要求抓紧7个国家级、14个区域性矿山应急救援基地建设,加快推进重点行业领域的专业应急救援队伍建设。建立救援队伍社会化服务补偿机制,鼓励和引导社会力量参与应急救援。

(4)专业化的安全监管监察队伍建设。要求建立以岗位职责为基础的能力评价体系,加强在岗人员业务培训,提升监管监察队伍履职能力。进一步充实基层监管力量,改善监管监察装备和条件,创新安全监管监察体制,切实做到严格、公正、廉洁、文明执法。

(5)安全技术创新体系建设。要求整合安全科技优势资源,建立完善以企业为主体、以市场为导向、产学研用相结合的安全技术创新体系,加快推进安全生产关键技术及装备的研发,在事故预防预警、防治控制、抢险处置等方面尽快推出一批具有自主知识产权的科技成果。

(6)安全文化建设。大力倡导"关注安全、关爱生命"的安全文化。要求在中小学广泛普及安全基础教育;全面开展安全生产、应急避险和职业健康知识课进企业、进学校、进乡村、进社区、进家庭活动;建设安全文化主题公园、主题街道和安全社区，创建若干安全文化示范企业和安全发展示范城市。

(7)安全产业发展。要求把安全产业纳入国家重点支持的战略产业，积极发展安全装备融资租赁业务，促进企业加快提升安全装备水平。

(四)《意见》中对安全生产制度提出的要求

《意见》在继承发扬以往各项行之有效对策措施的同时，对安全生产10项重要制度提出了明确要求。

(1)安全生产政府行政首长负责制和政府领导班子成员"一岗双责"制度。明确省、市、县各级地方政府主要负责人是安全生产第一责任人，要求定期研究部署安全生产工作，组织解决安全生产重点难点问题。建立健全政府领导班子成员安全生产"一岗双责"制度，做好分管范围的安全生产工作。

(2)高危行业建设项目审批安全许可前置制度。要求严格执行安全生产许可制度和产业政策，严把行业安全准入关，强化建设项目安全核准，把安全生产条件作为高危行业建设项目审批的前置条件，未通过安全评估的不准立项；未经批准擅自开工建设的，要依法取缔。尤其要求建立完善铁路、公路、水利、核电等重点工程项目的安全风险评估制度。同时，制定和实施高危行业从业人员资格标准。

(3)安全生产全员培训制度。要求企业主要负责人、安全管理人员、特种作业人员一律经严格考核、持证上岗。企业用工要严格按照劳动合同法与职工签订劳动合同，职工必须全部经培训合格后上岗。重点强化高危行业和中小企业一线员工安全培训。完善农民工向产业工人转化过程中的安全教育培训机制。加强地方政府安全生产分管领导干部的安全培训，提高安全管理水平。

(4)加强公路客运和校车安全监管制度。要求修订完善长途客运车辆安全技术标准，逐步淘汰安全性能差的运营车型，禁止客运车辆挂靠运营，研究建立长途客车驾驶人强制休息制度；特别要抓紧完善校车安全法规和标准，依法强化校车安全监管。这些规定和要求，都深刻吸取了一个时期来发生的道路交通重

特大事故血的教训,具有很强的现实针对性和事故防范作用。

(5)非煤矿山主要矿种最小开采规模和最低服务年限制度。同时要求进一步完善矿产资源开发整合常态化管理机制,研究制定充填开采标准和规定,提高矿山企业集约化程度和安全生产水平。

(6)职业危害防护设施"三同时"制度。要求对可能产生职业病危害的建设项目,必须进行严格的职业病危害预评价,未提交预评价报告或预评价报告未经审核同意的,一律不得批准该建设项目;对职业病危害防控措施不到位的企业,要依法责令整改,情节严重的要依法予以关闭。

(7)政府引导带动、各方共同承担的安全生产投入制度。要求探索建立中央、地方、社会和企业共同承担的安全生产长效投入机制,加大对贫困地区和高危行业领域的倾斜,完善有利于安全生产的财政、税收、信贷政策,强化政府投资对安全生产投入的引导和带动作用。

(8)安全生产失信惩戒制度。把安全生产作为企业信用评级的重要参考依据,继续大力推动企业安全生产诚信建设,建立健全各类企业及其从业人员的安全信用体系,依法依规惩处安全生产失信行为。建立健全与企业信誉、项目核准、用地审批、证券融资、银行贷款等方面相挂钩的安全生产约束机制。

(9)安全生产绩效考核奖惩制度。规定把安全生产考核控制指标纳入经济社会发展考核评价指标体系,加大各级领导干部政绩业绩考核中安全生产的权重和考核力度;把安全生产工作纳入社会主义精神文明和党风廉政建设、社会管理综合治理体系之中,制定完善安全生产奖惩制度,对成效显著的单位和个人要以适当形式予以表扬和奖励,对违法违规、失职渎职的要依法严格追究责任。

(10)安全生产监督制度。要求推进安全生产政务公开,健全行政许可网上申请、受理、审批制度,落实安全生产新闻发布制度和救援工作报道机制,完善隐患、事故举报奖励制度,加强对安全生产工作的社会监督、舆论监督和群众监督。

(五)《意见》特点鲜明

《意见》共分为10个部分、33条,内容丰富,特色鲜明,其特点主要表现为“四个统一”。

一是继承与创新的统一。《意见》既重申和延续了国务院2004年《决定》、2010年《通知》的基本精神和基本制度,又适应安全生产工作进展状况和现阶段规律特点,创新和发展完善了安全生产工作的方针理念、方式方法和政策措施。

二是务虚与务实的统一。《意见》既从理论高度深刻阐述了坚持科学发展安全发展的重大意义,提出一系列理论创新点;又从现实出发,针对目前安全生产领域存在的薄弱环节和突出问题,采取了一系列具有很强的针对性、可操作性的对策举措。

三是治标与治本的统一。《意见》既重视解决目前一些地方和单位存在的安全生产责任不落实、监管不严、执法治理不力、违法违规行为屡禁不止等比较浅显易见的突出问题;又注重把加强安全生产与加快经济发展方式转变紧密结合起来,强调要从严格安全生产准入、推进安全生产标准化建设、发挥科技支撑作用、加强产业政策引导等环节入手,努力解决影响制约安全生产的深层次问题,从根本上提高安全保障能力。

四是宏观与微观的统一。《意见》立意高远,逻辑严密,既有宏观战略和总体思路的要求,同时重点也很明确,突出强调了安全生产法制建设、基础管理、安全文化建设和安全保障能力建设等关键环节的工作,体现出党和政府致力于建立安全生产法治秩序和长效机制、把安全生产纳入依法规范高效运行轨道的决心和意图;对重点行业领域当前必须突出抓好的重点工作,如煤矿瓦斯防治、道路交通领域的长途客运和校车安全、城市地下危险化学品输送管道安全整治等也都做了强调,有助于提高行业领域安全生产工作的针对性和实效性。

三、《通知》和《意见》中关于安全生产标准化的内容

《通知》中“二、严格企业安全管理。7. 全面开展安全达标。深入开展以岗位达标、专业达标和企业达标为内容的安全生产标准化建设，凡在规定时间内未实现达标的企业要依法暂扣其生产许可证、安全生产许可证，责令停产整顿；对整改逾期未达标的，地方政府要依法予以关闭。”

《意见》中“五、着力强化安全生产基础。（十四）推进安全生产标准化建设。在工矿商贸和交通运输行业领域普遍开展岗位达标、专业达标和企业达标建设，对在规定期限内未实现达标的企业，要依据有关规定暂扣其生产许可证、安全生产许可证，责令停产整顿；对整改逾期仍未达标的，要依法予以关闭。加强安全标准化分级考核评价，将评价结果向银行、证券、保险、担保等主管部门通报，作为企业信用评级的重要参考依据。”

《关于贯彻落实国务院坚持科学发展安全发展促进安全生产形势持续稳定好转的意见》（交安监发〔2011〕791 号）中对交通运输安全生产标准化进行了部署。（具体见附件）

第二条　本办法适用于全国交通运输企业安全生产标准化考评及其管理活动。

【释义】　本条是关于《办法》适用范围的规定。

本条对《办法》的适用对象作了明确界定，即交通运输企业安全生产标准化考评及其管理活动应当遵守本《办法》的要求。这里的“交通运输企业”是指具有独立法人资格，具体从事公路水路运输、城市客运和公路水运工程施工等生产经营建设活动的交通运输企业。

2011 年 5 月 3 日，国务院安委会下发了《国务院安委会关于深入开展企业安全生产标准化建设的指导意见》（安委〔2011〕4 号，以下简称《指导意见》），就深入开展企业安全生产标准化建设做了总体部署。《指导意见》指出，在工矿商贸和交通运输行业（领域）深入开展安全生产标准化建设；要建立健全各行业（领域）企业安全生产标准化评定标准和考评体系；进一步加强企业安全生产规范化管理，推进全员、全方位、全过程安全管理；加强安全生产科技装备，提高安全保障能力；严格把关，分行业（领域）开展达标考评验收；不断完善工作机制，将安全生产标准化建设纳入企业生产经营全过程，促进安全生产标准化建设的动态化、规范化和制度化，有效提高企业本质安全水平。

2011 年 6 月 29 日，交通运输部下发了《交通运输企业安全生产标准化建设实施方案》（交安监发〔2011〕322 号），要求全面推进交通运输企业安全生产标准化建设工作，实现企业安全管理标准化、作业现场标准化和操作过程标准化。力争从事客运、危险化学品和烟花爆竹等重点运输企业在 2013 年底前达标，其他交通运输企业在 2015 年前达标。

第三条　交通运输企业安全生产标准化达标等级分为一级、二级、三级，其中城市轨道交通企业安全生产达标标准等级分为一级、二级。

评为一级达标企业的考评分数不低于 900 分（满分 1000 分，下同），且完全满足所有达标企业必备条件；评为二级达标企业的考评分数不低于 700 分，且完全满足二、三级达标企业必备条件；评为三级达标企业的考评分数不低于 600 分，且完全满足三级达标企业必备条件。

【释义】　本条是关于交通运输企业安全生产标准化等级分级和每个级别企业应当满足条件的规定。

根据《交通运输企业安全生产标准化建设实施方案》（交安监发〔2011〕322 号），交通运输企业安全生产标准化达标分一级、二级、三级；其中一级最高，三级最低。

这里，城市轨道交通企业是个例外。自 1863 年世界上第一条地铁在英国伦敦开通以来，城市轨道交通已经走过了近一个半世纪的发展历程，并在世界上一些国家的主要城市得到了快速发展，伦敦、纽约、巴黎、东京等城市轨道交通网络已经形成。城市轨道交通已成为城市居民出行的重要方式，在一些大城市尤其是特大城市交通系统中,发挥着骨干和主导作用。

城市轨道交通系统客流集中、空间有限、封闭运行,通道狭窄,一旦发生恐怖袭击、火灾或运营事故,易引发浓烟毒气、高温缺氧、视线不清、通信中断等问题,严重影响救援和疏散工作,极易造成重大人员伤亡,带来重大政治和社会影响。因此,在国内外城市轨道交通运营中,如何避免运营事故发生,并在运营事故发生后最大限度减少人员伤亡,始终是城市政府及管理部门和城市轨道交通运营单位的重要任务。

考虑到城市轨道交通一旦发生安全生产事故,造成群死群伤后果的可能性较大。2003 年 2 月 18 日,韩国大邱市地铁 1 号线发生乘客故意纵火事故,造成 198 人死亡,146 人受伤。2010 年 3 月 29 日,莫斯科地铁卢比扬卡站埃菲社恶性恐怖爆炸事件,造成 41 人死亡,60 多人受伤。

为了确保城市轨道交通企业的安全生产具有相对较高的水平,《办法》规定城市轨道交通企业达标标准等级最低为二级。

在对交通运输企业安全生产标准化达标进行考评时,《办法》采用的是打分的方式,考评分数的满分为 1000 分。企业评级不但应确保考评分数达到一定标准,还应保证完全满足评定级别以及低于评定级别的所有必备条件。具体而言:

当企业完全满足一、二、三级达标必备条件对应的分数项为满分,且考评分数≥900 分时,才可以被评为一级达标企业;

当企业完全满足二、三级达标必备条件对应的分数项为满分,且考评分数≥700 分时,才可以被评为二级达标企业;

当企业完全满足三级达标必备条件对应的分数项为满分,且考评分数≥600 分时,才可以被评为三级达标企业。

各地交通运输主管部门应将企业安全生产标准化达标考评结果作为企业安全生产管理状况的重要评判标准,与企业运力、资质审批等相关行政许可挂钩,促进企业切实提升安全管理水平。

第四条　交通运输部主管全国交通运输企业安全生产标准化工作，并负责一级达标企业的考评工作。

省级交通运输主管部门负责本管辖范围内交通运输企业安全生产标准化工作和二、三级达标企业的考评工作。

长江航务管理局、珠江航务管理局分别负责长江干线、西江干线跨省航运企业安全生产标准化工作和二、三级达标企业的考评工作。以上部门和单位统称为主管机关。

【释义】　本条是对交通运输企业安全生产标准化工作及达标考评工作的分工。

交通运输部作为国家交通运输行业的主管部门，依靠其法定职责分工代表国务院对全国交通运输企业开展安全生产标准化工作。同时，具体负责一级达标企业的考评工作。

省级交通运输主管部门是指各省、自治区、直辖市、新疆生产建设兵团交通运输厅(局、委)，天津市交通运输和港口管理局、上海市交通运输和港口管理局。本辖区范围有两层含义：一是指省级交通运输主管部门负责其行政区域管辖范围内的交通运输企业安全生产标准化工作；二是指省级交通运输主管部门负责二、三级达标企业的考评工作，其行政区域管辖范围内的一级达标企业，由交通运输部实施考评。

长江航务管理局、珠江航务管理局作为交通运输部派出机构，负责长江干线、西江干线跨省航运企业安全生产标准化工作和二、三级达标企业的考评工作。由于长江航务管理局、珠江航务管理局受部委托，负责其管辖范围内航运企业的审批，本着“谁主管、谁负责”的原则，将安全生产标准化的考评工作交由其负责。

第五条　交通运输企业安全生产标准化考评包括初次考评、换证考评和附加考评等三种形式。

【释义】　本条是对交通运输企业安全生产标准化考评形式的说明。

初次考评是指交通运输企业初次向主管机关提交申请进行安全生产标准化达标考评。需要说明的是,初次考评一般有两种情形:一是企业从未进行安全标准化考评;二是企业曾获得过相应等级的达标,在申请更高级别时,也视为初次考评。

换证考评是指交通运输企业遇到以下情况时,由主管机关实施换证时的考评。

1. 企业安全生产标准化达标证书有效期届满的;

2. 企业安全生产标准化达标证书遗失的;

3. 企业法人代表、名称、地址等变更的。

附加考评是指企业在发生了重大以上安全生产事故、对事故有谎报瞒报等情形时,主管机关或其指定的考评机构对持有企业安全生产标准化达标证书的企业所实施的额外考评。附加考评是由主管机关发起的,初次考评、换证考评是企业自主申请的。

第六条　交通运输企业安全生产标准化考评工作应坚持客观、公正、公开、透明的原则,由主管机关按照本办法组织实施。

【释义】　本条是对交通运输企业安全生产标准化考评工作基本原则的规定。

客观、公正、公开、透明是现代行政程序中的重要原则。客观、公正、公开、透明是相互联系的。客观、公正是目的,公开、透明是一种手段,公开、透明促进客观、公正的实现。客观、公正必然要求行政行为公开、透明,"暗箱操作"没有客观、公正可言。客观、公正、公开、透明需要通过程序来保障和实现。没有法定的程序，这些原则既无法实现，也没有判断标准。在交通运输企业安全标准化考评工作中，应当遵循客观、公正、公开、透明的原则。遵循这四项原则，有利于规范交通运输企业安全生产标准化考评工作，保护企业的合法权益，保障和监督主管机关、考评机构正确行使管理和考评的权利。

为了保证交通运输企业安全生产标准化考评工作客观、公正、公开、透明地开展，各地应设立举报电话，安全生产标准化工作不但要接受上级主管机关的监督，也要接受新闻媒体、网络传媒等社会舆论的监督。

第七条　主管机关应向社会公告交通运输企业安全生产标准化考评结果。

【释义】　本条是对主管机构应向社会公告交通运输企业安全生产标准化考评结果的规定。

《中华人民共和国政府信息公开条例》（中华人民共和国国务院令第 492 号）第九条行政机关对符合下列基本要求之一的政府信息应当主动公开：

（一）涉及公民、法人或者其他组织切身利益的；

（二）需要社会公众广泛知晓或者参与的；

（三）反映本行政机关机构设置、职能、办事程序等情况的；

（四）其他依照法律、法规和国家有关规定应当主动公开的。

《交通运输企业安全生产标准化建设实施方案》（交安监发〔2011〕322 号）明确指出，2012 年开始全面开展安全生产标准化建设工作，成熟一批、评审一批、公告一批，确保 2015 年底以前实现既定目标。

为了使社会了解交通运输企业安全生产标准化达标考评情况，需要及时将考评结果向社会公布。主动接受社会的监督，对于实名举报反应情况的应进行核查，对于非实名举报的不予受理。

第二章　考评机构与考评员

【释义】　本章从第八条到第十二条,共五条,是对具体从事企业安全生产标准化考评的机构和考评员相关要求的规定。

交通运输企业安全生产标准化考评工作之所以借助考评机构实施,其目的就是为了保证第三方公正、公平的原则。

考评机构和考评员是实施企业安全生产标准化考评的关键。考评机构软硬件水平和考评员职业素质的高低将直接影响考评结果的合理性。安全生产无小事。由于企业安全生产标准化考评工作的特殊性,决定了考评机构和考评员不同于普通的中介机构和中介人员。它不仅要求考评机构应具备相应的办公条件和管理制度,更要求考评员具备相应的职业道德和专业技能。实行考评机构的认定和考评员的考试,严把机构和人员的准入关,对于提高考评员整体素质、保证考评工作质量具有重要意义。

第八条　主管机关或其认定的考评机构负责对交通运输企业实施考评。

【释义】　本条是关于交通运输企业安全生产标准化考评工作实施主体的规定。

本条对交通运输企业安全生产标准化考评工作的职责进行了明确规定,即主管机关(省级交通运输主管部门、长江航务管理局、珠江航务管理局)或由其认定的考评机构负责实施考评。

主管机关实施考评不得收取任何费用,考评机构实施考评属于中介机构和企业之间的商业行为,可采取双方协商的方式,在不以盈利为目的的前提下,参照国家和地方有关规定,适当收取费用。

第九条　考评机构应具备以下条件：

（一）交通运输事业单位或经批准注册的交通运输系统社团组织；

（二）具备固定办公地点和必要的设备；

（三）具有一定数量从事相关领域考评工作需要的管理人员及考评员；

（四）建有相应的管理制度。

【释义】　本条是关于交通运输企业安全生产标准化考评机构申请条件的规定。

考虑到部分地区交通运输事业单位、经批准注册的交通运输系统社团组织的数量相对较少，难以满足交通运输企业安全生产标准化考评工作的要求，各地可根据实际情况，适当扩大考评机构来源范围，但必须有从事交通运输经营业务的事业单位，且经交通运输主管部门认定。

一、关于申请考评单位的设定

《事业单位登记管理暂行条例》所称事业单位，是指为了社会公益目的，由国家机关举办或者其他组织利用国有资产举办的，从事教育、科技、文化、卫生等活动的社会服务组织。

事业单位主要有以下特征：

（一）服务性。事业单位主要分布在教、科、文、卫等领域，是保障国家政治、经济、文化生活正常进行的社会服务支持系统。如教育事业单位，主要功能是为社会培养合格的劳动者和各方面所需要的人才；文化事业单位，主要功能是提高全民族的文化修养和道德水平；卫生事业单位，主要功能是保障公民的身体健康，使其享受良好的医疗服务；科技事业单位，主要功能是揭示自然和社会规律，促进生产力的发展，等等。缺乏这些服务支持，或服务支持系统不健全，生产力发展就会受到制约，并影响社会稳定。经济愈发展，社会愈进步，对服务功能的要求标准也愈高，范围也愈大。服务性，是事业单位最基本、最鲜明的特征。

（二）公益性。事业单位所追求的首先是社会效益，同时，有些事业单位在保证社会效益的前提下，为实现事业单位的健康发展、社会服务系统的良性循环，根据国家规定向接受服务的单位或个人收取一定的服务费用。公益性，是由事业单位的社会功能和市场经济体制的要求决定的。在社会主义市场经济条件下，市场对资源配置起基础性作用，但在一些领域，某些产品或服务，不能或无法由市场来提供，如教育、卫生、基础研究、市政管理等。为了保证社会生活的正常进行，就要由政府组织、管理或委托社会公共服务机构从事社会公共产品的生产，以满足社会发展和公众的需求。我国的事业单位大都分布在公益性领域中，主要从事精神产品的生产和服务，有的虽然也从事某些物质产品的生产，但多数不属于竞争性生产经营活动，不以盈利为目的。

（三）知识密集性。绝大多数事业单位是以脑力劳动为主体的知识密集性组织，专业人才是事业单位的主要人员构成，利用科技文化知识为社会各方面提供服务是事业单位的主要手段。虽然事业单位主要不从事物质产品的生产，但由于其在科技文化领域的地位，对社会进步起着重要的推动作用，是社会生产力的重要组成部分，在国家科技创新体系中，居于核心地位。

据此，本条明确了申请考评机构的条件，首先应为交通运输系统认可的事业单位，如学校、科研院所等；或经批准注册的交通运输系统社团组织，如学会、协会等。该条款具有排他性，即凡不属于交通运输系统认可的，一律不得作为考评机构。

二、关于申请考评单位的条件

申请作为考评机构的单位应具备固定的办公地点和必要的设备；应具有一定数量从事相关领域考评工作需要的管理人员及考评员；应建有相应的管理制度。

具备固定的办公地点和必要的设备，是对考评机构在实施考评工作硬件条件的要求，这是实施考评工作的最基本条件；具有一定数量从事相关领域考评工作需要的管理人员及考评员，是对考评机构人力资源方面的要求，这是实施考评工作的智力保障条件；建有相应的管理制度，是对考评机构基本运行机制的要求，这是实施考评工作的制度保障条件。

第十条　考评机构应经主管机关认可，接受主管机关的监督管理，并按照主管机关赋予的权限开展工作，建立企业考评档案。

【释义】　本条是关于交通运输企业安全生产标准化考评机构申请条件的规定。

一、关于监督检查的必要性

为保证考评质量，应当对考评机构开展的交通运输安全生产标准化考评工作进行监督检查。本《办法》将组织实施考评工作的权限赋予了考评机构，为了确保考评工作落实到位，主管机关应当加强对考评工作的监督检查，避免流于形式。

二、关于监督检查的方式

为督促考评机构落实好考评工作，主管机关应当创新管理方式，实行多样化的监管措施。具体可以采用以下方式进行检查：一是要求考评机构报送考评工作记录至相应的主管机构。二是实地抽查。主管机关可安排工作人员对考评实施情况进行检查。三是加强对考评结果进行监督。主管机关可以要求考评机构及时报送考评工作总结材料，并将其作为监督检查的重要方式之一。

第十一条　考评员应具有交通运输相关学历和工作经历，并经专业培训、考试合格取得资格。

【释义】　本条是关于交通运输企业安全生产标准化考评员具备条件的规定。

一、关于学历和工作经历的设定

学历是指人们在教育机构中接受科学、文化知识训练的学习经历。国家承认的学历在高等教育方面有中专、专科、本科、硕士、博士五个层次，另外还有第二学士学位班、研究生班（研究生班近几年已停招）。经国家主管教育部门批准具有举办学历教育资格的普通高等学校（含培养研究生的科研单位），成人高等学校所颁发的学历证书，国家予以承认。另外，通过自学考试，由国务院自学考试委员会授权各省（自治区、直辖市）自学考试委员会颁发的自学考试毕业证书，国家同样予以承认。

交通运输相关学历和工作经历是指与交通运输涉及的领域相关的学历，并具有从事交通运输安全生产的相关工作经历。

二、关于培训和考试的设定

本条规定，交通运输安全生产标准化考评员，应当经专业培训、考试合格取得资格，这里包含两层含义：一是申请人应当经专业培训。“专业培训”是指省级交通运输主管部门、长江航务管理局、珠江航务管理局组织的交通运输安全生产标准化培训。二是考试合格且取得考评员资格。“考试合格”是申请人通过省级交通运输主管部门、长江航务管理局、珠江航务管理局组织的交通运输安全生产标准化考试成绩合格，且思想意识健康、身体素质满足要求。

第十二条　主管机关负责考评员适任条件的审核、考试发证、注册登记等管理工作，并建立档案。

考评机构应建立考评员日常管理档案，并按年度向主管机关备案。

【释义】　本条是对主管机关关于考评员审核、发证、注册登记等管理工作的规定，并对考评机构对考评员管理的规定。

考评员申请人在参加完全部科目考试且成绩合格，主管机关应当对符合条件的人员核发从业资格证件的决定。

由同一个主管机关符合考评员适任条件的审核、考试发证、注册登记、建立档案，目的是为了管理工作的连贯性。

为了便于加强对考评员的日常管理，考评机构应建立管理档案；为了便于主管机关加强对考评员的监督管理，考评机构应按年度向主管机关备案。

第三章　考评与发证

【释义】 本章从十三条到第三十三条，共二十一条，是对企业安全生产标准化考评和发证的规定。

第十三条　申请考评的企业应向主管机关提交申请。

【释义】 本条是对交通运输企业申请考评的基本程序规定。

申请考评的企业应向主管机关提交申请，除了主管机关之外的任何单位和个人（包括考评机构和考评员）都不得受理企业申请的考评。

第十四条　考评活动采用资料核对、人员询问、现场考评等方法进行，人员询问、现场查验可以按一定比例进行抽查。

【释义】 本条是实施交通运输安全生产标准化考评活动基本方式的说明。

对申请考评的企业实施考评活动时，可采用资料核对、人员询问、现场考核的方法。资料核对是对比企业提供的资料和考评指标中的要求（相关资料包括：安全生产责任制，安全生产方针目标，安全生产管理制度、操作规程、应急预案，安全奖惩制度等）；人员询问是询问企业主要负责人、或安全生产管理人员、或一线员工等（询问内容包括：当前安全生产政策文件情况、岗位职责、岗位危险程度、岗位安全制度及操作规程）；现场考核是到企业实际现场（查验内容：设备检测情况、安全标示设立情况、安全防护措施情况等），查验安全生产工作落实情况。

第一节　初次考评和发证

第十五条　申请初次考评的企业应具备以下条件：

（一）具有企业法人资格（含分公司），并直接从事交通运输生产经营建设行为的实体；

（二）具有与其经营管理相适应的安全生产管理机构和人员，并建有相应的安全生产管理制度；

（三）已进行安全生产标准化建设自评。

【释义】 本条是关于初次考评企业申请条件的规定。

一、关于申请条件的规定

本条从申请初次考评的企业资格、安全生产管理机构、人员和制度、开展安全生产标准化建设自评三个方面，明确了申请初次考评企业的条件。申请初次考评的企业应当同时具备这三项条件，缺一不可，否则不符合申请初次考评的条件。

二、关于企业基本条件的说明

本条规定申请初次考评的企业应为具有企业法人资格（含分公司和项目经理部持母公司法人营业执照），并直接从事交通运输生产经营建设行为的实体。本条规定具有两层含义：一是只有企业法人资格（含分公司）的，才可以申请初次考评；二是必须是直接从事交通运输生产经营建设行为的实体。这里，第一条表述要求企业既可以是具有法人资格的企业，也可以是独立从事交通运输生产经营建设行为的下属分公司。第二条表述只有直接从事交通运输生产经营建设行为的实体才有资格，即只从事直接生产经营的实体。

本条规定中"企业法人资格（含分公司）"，通常有三种类型：集团总公司、分公司、子公司。集团总公司如不直接从事生产经营的，可不申请达标考评；如果主动提出申请达标考评，也可进行考评。如集团总公司直接从事生产经营的，应申请达标考评。分公司、子公司一般具有两种情形：一是以母公司名义直接从事生产经营的，应单独进行安全生产标准化达标；二是虽然以母公司名义，但并不直接从事交通运输生产经营建设行为的，可不进行考评达标。

对于从事货运、客运经营的运输企业，应分别进行考评。

对于公路客运站、港口客运站等客运类场站，应按照"一站一考评"的原则。

对于从事多种货种运输经营的企业，可按照达标标准最高要求进行考评，比如从事危险货物、普通散杂货、集装箱等经营的码头，可按危险货物码头进行考评达标。

第十六条　初次考评应提交申请报告，并附以下材料：

（一）企业法人营业执照、经营许可证等；

（二）企业基本情况和安全生产组织架构；

（三）企业安全生产基本情况；

（四）企业安全生产标准化建设自评报告。

【释义】　本条是关于企业申请初次考评申请条件的规定。

申请参加初次考评的企业，应当符合本条规定的有关条件，并提交相应的证明材料，具体包括四个方面：

一、企业法人营业执照、经营许可证等

本条所指的"企业法人营业执照"，应当是工商行政管理部门颁发给申请企业或申请企业上级公司的企业法人营业执照；"经营许可证"应当是与交通运输行业相关的、能够表明申请企业类型的证件，如道路运输许可证、港口经营许可证等。

二、企业基本情况和安全生产组织架构

本条所指的"企业基本情况"，应包括企业名称、所在地区、企业性质、股比情况、法人代表、经营范围等;“安全生产组织架构”应包括安全生产主要负责人、安全生产主要负责部门和其他与安全生产相关部门情况。

三、企业安全生产基本情况

本条所指的“企业安全生产基本情况”,应包括企业安全生产规章制度、安全生产组织机构、安全生产运行情况等。

四、企业安全生产标准化建设自评报告

本条所指的“企业安全生产标准化建设自评报告”是申请初次考评的企业按照安全生产标准化考评指标的要求,结合自身安全生产实际,进行自我评估,确定等级的报告。

第十七条　主管机关收到初次考评申请及所附材料后,应审查以下内容:

(一)是否属于本管辖范围;

(二)是否满足申请条件;

(三)申请材料是否齐全。

申请材料不符合要求的,应告知企业补充、修改或重新提交申请。

【释义】 本条是关于主管机构对申请初次考评企业相关材料审查的规定。

主管机构在收到初次考评申请及所附材料后,需要审查三个方面的内容:

一、管辖范围的审查

本条所指的“管辖范围”既包括行政区域管辖范围的审查,也包括申请等级是否在主管机关权限之内的审查。只要两者中有一项不符合,即可认定申请材料不符合要求。

二、申请条件的审查

本条所指的“申请条件”是第十五条的规定,不能满足第十五条规定三个条件的,则视为申请条件不符合要求。

三、申请材料的审查

本条所指的“申请材料”是第十六条的规定，不能满足第十六条规定的四个条件的，则视为申请材料不全。

凡是申请材料不符合要求的，主管机关应告知企业需要补充、修改或完善材料的内容。

第十八条　对满足申请要求的企业，主管机关应结合企业的申请确定考评机构。考评机构应按照主管机关的要求和本办法的规定对企业安全生产情况进行考评。

【释义】　本条是对满足申请要求的企业进行考评基本程序的说明。

当申请考评企业及所附材料通过主管机关的审查后，主管机关应结合企业基本情况和申报等级情况，对应确定具有考评资格的考评机构。考评机构在接到主管机关下达的考评任务后，应按照其要求和本办法的规定，对企业安全生产情况实施考评，如考评机构不能胜任或不愿接受任务的，应向主管机关作出理由说明并经主管机关同意。

第十九条　企业通过考评的，由考评机构报主管机关审核同意后，向该企业签发安全生产标准化达标证书。未通过考评的或经主管机关审核不合格的，企业应采取纠正措施并可在3个月后重新申请考评。

【释义】　本条是关于安全生产标准化达标证书发证机构、重新申请考评时限的规定。

通过考评的企业，主管机关应当对符合条件的企业作出核发达标证书的决定。本条规定：申请初次考评的企业通过考评机构考评的，主管机关向申请企业核发安全生产标准化达标证书。

没有通过考评，或通过考评机构考评，但主管机关审核不合格的，企业应当采取纠正措施进行整改,再次申请初次考评需要在3个月后实施。

第二十条　企业安全生产标准化达标证书有效期为3年。

【释义】　本条是关于企业安全生产标准化达标证书有效期的规定。

本条规定证书的有效期为3年。科学、合理设置证书有效期,能使证书制度发挥更好的作用。对于证书的有效期,既不能因为过于频繁给企业造成过大负担,也不能因为周期过长而失去动态监管的作用。考虑到我国交通运输行业特点和安全生产情况,在充分调研和借鉴其他行业资质证书有效期的基础上,《办法》明确证书有效期规定为3年。

第二十一条　已取得相关机构颁发的安全生产管理体系证书(证明)的企业,连续3年未发生重特大事故的,经主管机关对必备条件审核后,可颁发二级或三级安全生产达标证书。

【释义】　本条是关于企业已有相关安全生产管理体系证书,申请二级或三级达标证书的规定。

本条规定直接颁发二级或三级达标证书,需要满足三个条件:

一、取得安全生产管理体系证书

本条所指的安全生产管理体系证书,是相关交通运输管理部门或机构为加强企业安全生产管理,经过审核后颁发的证书,如国际或国家相关部门和机构颁发的相关认定证书,航运公司安全管理体系符合证明书(DOC证书)、船舶安全管理证书(SMC证书)、职业健康安全管理体系认证(OHASA18001)等。具有上述证书的企业,经主管机关根据企业情况可自行确定颁发二级或三级安全生产达标证书。

二、连续3年未发生重特大事故

本条是对企业未发生重特大事故的时限要求是3年。本条“重特大事故”是指《生产安全事故报告和调查处理条例》(国务院第493号令)中规定的重大事故和特别重大事故。

特别重大事故,是指造成30人以上死亡,或者100人以上重伤(包括急性工业中毒,下同),或者1亿元以上直接经济损失的事故;

重大事故,是指造成10人以上30人以下死亡,或者50人以上100人以下重伤,或者5000万元以上1亿元以下直接经济损失的事故。

三、经主管机关对必备条件审核

本条必备条件是指考评指标中相应等级需要满足的必备条件。

第二十二条　企业申请高一级别安全生产标准化达标考评,考评及发证的内容、范围和方法按照初次考评的有关规定执行。

【释义】　本条是对申请高一级别安全生产标准化达标考评有关内容的规定。

已经取得安全生产标准化考评证书的企业在申请高一级别时,考评及发证的内容、范围和方法按照初次考评的有关规定执行。

第二十三条　新组建企业应于正式运营6个月内提出初次考评申请。

【释义】　本条是对新组建企业提出初次考评申请时限的规定。

本条规定,新组建企业应于正式运营后的6个月内提出初次考评的申请。

第二节　换证考评与发证

第二十四条　换证考评申请应在企业安全生产标准化达标证书有效期届满之日前3个月内提出。

【释义】　本条是对换证考评企业提出申请时限的规定。

依据本《办法》第二十条规定,达标证书有效期为3年。企业应在达标证书有效期届满之日前3个月内,提出换证考评的申请。

第二十五条　换证考评申请应附送以下材料：

(一)企业法人营业执照、经营许可证等；

(二)安全生产标准化达标证书；

(三)企业基本情况和安全生产组织架构；

(四)企业安全生产管理情况。

【释义】 本条是关于企业提出换证考评申请条件的规定。

申请参加换证考评的企业,应当符合本条规定的有关条件,并提交相应的证明材料,具体包括四个方面:

(一)企业法人营业执照、经营许可证等。

本条规定与第十六条内容相同。

(二)安全生产标准化达标证书。

本条的“安全生产标准化达标证书”,是指企业已经取得的安全生产标准化达标证书。

(三)企业基本情况和安全生产组织架构。

本条规定与第十六条内容相同。

(四)企业安全生产管理情况。

本条所指的“企业安全生产管理情况”是企业在初次取得考评证书后安全生产管理情况的介绍。

第二十六条　换证考评及发证的内容、范围和方法参照初次考评的有关规定执行。

【释义】 本条是关于换证考评及发证的内容、范围和方法的规定。

换证考评及发证的内容、范围和方法参照初次考评的有关规定执行。对于取证之后 3 年的换证考评，必须进行完整的考评，特别是要加大对现场考评的力度，严格按照初次考评的要求实施。

第二十七条 换证考评和发证应在现有企业安全生产标准化达标证书有效期届满前完成。

【释义】 本条是关于换证考评及发证时限的规定。

本条规定，主管机关或考评机构对申请换证考评的企业实施考评，主管机关对通过考评的企业发证时间，应在现有证书到期前完成。

第二十八条 换证考评未通过的，企业应在原证书期满后 3 个月内提出重新考评申请。

【释义】 本条是关于换证考评未通过，企业重新提请考评时限的规定。

本条规定，没有通过换证考评的企业，应在原证书期满后 3 个月内提出重新考评的申请。申请考评需要提交的材料按照第二十五条的规定执行。

第二十九条 企业安全生产标准化达标证书遗失的，可以向原考评发证机构申请补发。

企业法人代表、名称、地址等变更的，应在变更后 1 个月内，向相应的主管机关提供有关材料，申请对企业安全生产标准化达标证书的变更。

【释义】 本条是关于达标证书补(换)发的规定。

企业安全生产标准化达标证书是表明企业安全生产标准化等级的合法、有效证件，企业应妥善保管达标证书。达标证书在使用过程中，可能存在遗失的情况。本条规定，达标证书遗失的，可以到原考评发证机构申请补发新的达标证书。本条所称的"原考评发证机构"，是指原来向企业发放企业安全生产标准化达标证书的主管机关。这里需要强调的是，本《办法》虽然规定达标证书遗失的可以补发新的证书，但由于达标证书是代表企业安全生产标准化等级的证件，妥善对其进行保管，是企业的法定义务。对企业遗失达标证书的，主管机关应当加强对企业的监督和管理。

企业法人代表、名称、地址等发生重大变更的，应在变更后 1 个月内，向相应主管机关提供有关材料，申请证书的变更。这里“相应的主管机关”应是企业已有达标证书的发证机关。

第三十条　主管机关向企业、考评机构、考评人员发放证书不得收取任何费用。

【释义】 本条是关于主管机关发证不得收取费用的规定。

为了减轻企业、考评机构、考评人员的经济负担，主管机关在发放相关证书时，不得收取任何费用，包括证书工本费等。

第三节　附加考评

第三十一条　有下列情况之一的，主管机关或其指定的考评机构应对持有企业安全生产标准化达标证书的企业实施附加考评：

（一）企业发生重大及以上安全责任事故；

（二）企业一年内连续发生二次及以上较大安全责任事故；

（三）企业被举报并经核实其安全生产管理存在重大安全问题；

（四）企业发生其他可能影响其安全生产管理的重大事件或主管机关认为确实必要的。

上述事故等级按照《生产安全事故报告和调查处理条例》（国务院第 493 号令）确定。

【释义】 本条是关于主管机关或考评机构实施附加考评的规定。

根据本条规定，当出现以下四种情况之一时，需要进行附加考评：

（一）企业发生重大及以上安全责任事故。

本条“重大及以上事故”是指《生产安全事故报告和调查处理条例》（国务院第493号令）中规定的重大事故和特别重大事故。

特别重大事故，是指造成30人以上死亡，或者100人以上重伤（包括急性工业中毒，下同），或者1亿元以上直接经济损失的事故；

重大事故，是指造成10人以上30人以下死亡，或者50人以上100人以下重伤，或者5000万元以上1亿元以下直接经济损失的事故。

（二）企业一年内连续发生二次及以上较大安全责任事故。

本条“较大事故”是指《生产安全事故报告和调查处理条例》（国务院第493号令）中规定的较大事故。

较大事故，是指造成3人以上10人以下死亡，或者10人以上50人以下重伤，或者1000万元以上5000万元以下直接经济损失的事故。

（三）企业被举报并经核实其安全生产管理存在重大安全问题。

本条“被举报”应当是实名举报，对于非实名举报的，主管机关可不予采纳。

（四）企业发生其他可能影响其安全生产管理的重大事件或主管机关认为确实必要的。

本条“影响安全生产管理的重大事件”一般是指除上述三种情况外，可能影响企业安全生产管理的重大事件，如企业经营范围发生了重大变更，增加了危险性更大的运输方式、货种等；企业发生了安全生产事故，虽然事故等级不高，但造成的社会影响恶劣等。

本条“主管机关认为确实必要的”是指主管机关从安全生产监督管理的角度，认为需要对企业实施附加考评的情况。

第三十二条　附加考评应针对引发附加考评的原因进行。在考评中发现有严重问题的，可扩大考评范围，直至实施全面考评。

【释义】 本条是关于附加考评实施范围的规定。

本条规定实施附加考评的范围应当是针对引发附加考评的原因进行的。引发附加考评的原因即《办法》第三十一条中的四种情形之一。在实施附加考评的过程中,如果发现还有其他比较严重的问题,可扩大考评范围,直至实施全面的考评。

实施附加考评的目的是为了督促企业按照安全生产标准化的要求,不断提高企业安全生产管理水平,防止个别企业出现获得达标证书后,安全管理出现松懈的情况。安全问题无小事,在针对引发附加考评的原因进行考评的同时,如果发现其他有严重问题的,要扩大考评范围,直至实施全面的考评。

第三十三条　通过附加考评并经主管机关审核合格的,维持企业安全生产标准化达标证书的有效性。

未通过附加考评或经主管机关审定认为其安全生产管理存在重大问题的,主管机关应责令其整改,整改合格的,企业应在3个月内再次申请初次考评。

【释义】 本条是关于对附加考评结果处理的规定。

企业通过附加考评,并经主管机关审核合格的,继续维持已有的企业安全生产标准化达标证书的有效性。

企业没有通过附加考评,或即使通过附加考评,但主管机关审定认为其安全生产管理存在重大问题的,应限期整改。整改合格的企业应在3个月内再次申请初次考评。

第四章　责任与义务

【释义】 本章从第三十四条到第三十八条,共计五条,规定了主管机关、考评机构、考评员、被考评企业在安全生产标准化建设过程中应当承担的法律责任和义务。

第三十四条　对企业所实施的安全生产标准化达标考评，不解除企业遵守国际、国内有关安全法规的责任。

【释义】 本条是明确安全生产标准化达标考评与其他法规关系的规定。

企业安全生产标准化是指通过建立安全生产责任制，制定安全管理制度和操作规程，排查治理隐患和监控重大危险源，建立预防机制，规范生产行为，使各生产环节符合有关安全生产法律法规和标准规范的要求，人、机、物、环处于良好的生产状态，并持续改进，不断加强企业安全生产规范化建设。

其目的是严格落实企业安全生产责任制，加强安全科学管理，实现企业安全管理的规范化。加强安全教育培训，强化安全意识、技术操作和防范技能，杜绝"三违"。加大安全投入，提高专业技术装备水平，深化隐患排查治理，改进现场作业条件。通过安全生产标准化建设，实现岗位达标、专业达标和企业达标，各行业（领域）企业的安全生产水平明显提高，安全管理和事故防范能力明显增强。

对企业实施安全生产标准化达标考评，就是促进企业遵守国际、国内有关安全法规，是在国际、国内有关法规框架下，强调企业提高安全生产管理水平，进一步规范企业安全生产行为。国际、国内有关安全生产法规标准是不断发展的，企业应及时更新修订相关制度规程，符合新的要求。

第三十五条　在接受考评过程中，企业应：

（一）提供所需的工作便利，以确保考评员充分有效地实施考评；

（二）如实提供相关资料和证据；

（三）与考评员合作，以保证考评工作顺利完成。

【释义】 本条是企业在接受考评过程中应尽的义务。

第一，接受考评的企业应当为考评员提供考评工作所需的工作便利，如带领考评员深入现场一线等。

第二，接受考评的企业应当按照考评员的要求，如实提供相关资料和证据，包括日常安全生产台账记录、视频图像记录等。

第三，接受考评的企业应积极与考评员合作，力所能及地配合考评员完成考评任务。

第三十六条　考评员应保守秘密并谨慎处理所接触的有关文件、特许的信息资料等。

企业可以向主管机关或考评机构举报、投诉考评员的不正当行为。

【释义】　本条是考评员考评过程中负有的责任。

考评员在对企业实施考评时，会接触到有关的文件、特许的信息资料等，这些文件和资料部分可能会涉及企业的商业秘密；因此，考评员应遵守职业道德，保守秘密，并谨慎处理接触的相关文件和信息资料等。本条所称的商业秘密，是指不为公众所知悉、能为权利人带来经济利益、具有实用性并经权利人采取保密措施的技术信息和经营信息。根据《中华人民共和国反不正当竞争法》第十条，经营者不得采用下列手段侵犯商业秘密：

（一）以盗窃、利诱、胁迫或者其他不正当手段获取权利人的商业秘密；

（二）披露、使用或者允许他人使用以前项手段获取的权利人的商业秘密；

（三）违反约定或者违反权利人有关保守商业秘密的要求，披露、使用或者允许他人使用其所掌握的商业秘密。

第三人明知或者应知前款所列违法行为，获取、使用或者披露他人的商业秘密，视为侵犯商业秘密。

企业如果发现考评员有违反本条规定的行为，可以向主管机关或考评机构举报、投诉考评员的不当行为，以加强对考评员的约束管理，对于违反国家商业秘密等相关法律法规，应取消资格，并移送相关部门追究法律责任。

第三十七条　主管机关应对考评机构和考评员进行监督管理。考评机构或考评员如有违法违纪行为的，主管机关应做出处理直至取消其考评资格。

【释义】 本条是关于考评机关对考评机构和考评员实施监督管理的规定。

为了加强对考评机构和考评员的监督管理，确保考评机构和考评员在实施考评过程中严格执行各项规定，本条赋予考评机关对考评机构和考评员的监督管理职责。凡发现考评机构或考评员有违法违纪行为的，主管机关应做出处理直至取消其考评资格。

第三十八条　主管机关相关管理人员和考评员应严格遵守本办法和有关廉政规定，不得借考评工作谋取任何私利。

【释义】 本条是关于主管机关相关管理人员和考评员廉政方面的规定。

《中华人民共和国刑法》第三百八十三条、第三百八十六条对受贿罪的刑事责任作出了具体的规定。根据这些规定，主管机关相关工作人员和考评员在进行考评过程中，索取或者收受他人财物或者其他利益，构成犯罪的，将根据不同情况承担以下刑事责任：一是个人贪污数额在 10 万元以上的，处 10 年以上有期徒刑或者无期徒刑，可以并处没收财产；情节特别严重的，处死刑，并处没收财产。二是个人贪污数额在 5 万元以上不满 10 万元的，处 5 年以上有期徒刑，可以并处没收财产；情节特别严重的，处无期徒刑，并处没收财产。三是个人贪污数额在 5000 元以上不满 5 万元的，处 1 年以上 7 年以下有期徒刑；情节严重的，处 7 年以上 10 年以下有期徒刑。个人贪污数额在 5000 元以上不满 1 万元，犯罪后有悔改表现、积极退赃的，可以减轻处罚或者免予刑事处罚，由其所在单位或者上级主管机关给予行政处分。四是个人贪污数额不满 5000 元，情节较重的,处2年以下有期徒刑或者拘役;情节较轻的,由其所在单位或者上级主管机关酌情给予行政处分。

《中华人民共和国刑法》第二百二十九条对中介人员故意提供虚假证明文件的刑事责任作出了具体的规定:承担资产评估、验资、验证、会计、审计、法律服务等职责的中介组织的人员故意提供虚假证明文件,情节严重的,处5年以下有期徒刑或者拘役,并处罚金。

第五章　附　　则

第三十九条　本办法所指的交通运输企业主要包括直接从事道路水路运输(含客货运输企业、客货运站场、港口经营企业)、城市客运(含公交、轨道交通、出租汽车企业)、交通运输建设施工、机动车维修等的企业。

【释义】　本条是对《办法》中交通运输企业具体范围的界定。

道路水路运输、交通运输建设施工企业是交通运输行业传统的企业类型。2008年大部制改革后,城市客运划归交通运输部管理,因此,这次将城市客运企业纳入了考评范围内。机动车维修企业由于关系到运输车辆技术状况的安全,本次也纳入到了考评范围中。

中华人民共和国境内(不含港、澳、台,下同)的交通运输企业从事境内的生产经营建设活动的,应纳入考评范围;中华人民共和国境内(不含港、澳、台,下同)除交通运输外的其他企业(如铁路、建筑等),进入交通运输行业领域从事生产经营建设的,特别是公路水运工程建设施工领域的,应纳入考评范围。

公路水运工程建设施工的建设项目部考评的具体实施办法由各地主管机关制定。原则上,工期超过一年的项目部都应实施考评。

各地可结合本地实际情况,适当增加考评企业类别,如驾校、高速公路运营、道路养护等企业。考评指标应参照部里制定的指标体系自行制定,并报部备案。

第四十条　对外国驻华交通运输企业的考评发证，由主管机关或其认定的考评机构参照本办法的规定实施。

交通运输行业内具有直接从事安全生产经营建设行为的事业单位，由其主管部门参照本办法实施安全生产标准化考评。

【释义】　本条是外国驻华交通运输企业和国内交通运输事业单位考评的说明。

对于外国驻华交通运输企业考评发证，主管机关或其认定的考评机构参照本办法的规定实施。

对于一些直接从事安全生产经营建设行为的事业单位，也参照本办法实施考评。

第四十一条　企业安全生产标准化相关证书式样和表格格式由交通运输部统一制定。

【释义】　本条是关于达标证书样式和表格格式统一制定的规定。

交通运输企业安全生产标准化相关证书是企业、考评机构、考评员的有效证件。这些证书由交通运输部统一制定，可以促进企业安全生产标准化管理的规范化，提高证书的权威性。

交通运输部将统一制定相关证书样式。各地应按照统一编码规则，加强对证书的管理。关于证书的编码规则，交通运输部将另行公布。

第四十二条　本办法自发布之日实施。

【释义】　本条是关于本《办法》实施时间的规定。

附件1

交通运输部关于贯彻落实国务院通知精神进一步加强企业安全生产工作的意见

交安监发〔2010〕394号

各省、自治区、直辖市、新疆生产建设兵团交通运输厅(局、委),天津、上海市交通运输和港口管理局,部属各单位,中远、中海、中外运长航、招商局、中交建设集团,上海船研所:

为切实加强企业的安全生产工作,国务院下发了《关于进一步加强企业安全生产工作的通知》(国发〔2010〕23号,以下简称《通知》),对企业、各级地方人民政府以及行业主管部门的安全生产工作提出了明确要求,对今后做好企业的安全生产工作具有重要的指导作用。交通运输行业是国家安全生产的重点领域,各单位一定要高度重视,认真组织学习,坚决贯彻落实好国务院《通知》精神。结合交通运输安全生产实际,现就有关贯彻落实工作通知如下:

一、加强组织领导,全面贯彻落实《通知》精神。交通运输各单位要充分学习领会《通知》精神,结合实际,拟定详细的落实措施;要加强贯彻落实工作的组织领导,部安委办负责牵头组织交通运输行业的贯彻落实工作,相关司局根据各自职责和业务分工负责具体指导相关工作的落实;各级交通运输主管部门、具有安全监管职能的机构和相关企业要强化组织领导工作,加强对《通知》的宣传贯彻力度,把落实《通知》作为当前和今后交通运输安全生产工作的一项重要工作来抓。部将对各单位贯彻落实《通知》的情况进行督查。

二、加强源头管理,严格交通运输安全生产准入条件。进一步严格规范和执行交通运输企业的安全生产准入标准，重点加强对从事水上客运、道路长途客运、旅游客运和危险品运输企业的把关，加强对从事出入境道路运输、国际航运、“两岸三地”海上运输和港口危险货物作业企业的审核。开展船舶管理市场清理整顿，暂停审批新的船舶管理公司。凡不符合通航安全生产条件的港口、码头及桥梁一律不予审批，正在建设的要立即停止建设。将道路危险品运输从业人员、经营性道路旅客运输和出租车驾驶员、机动车检测维修技术人员、港口危险货物作业人员、大型港口和施工企业安全生产三类人员的从业资格和继续教育管理作为建设重点，进一步强化“四客一危”船舶船员的培训考试发证，提高实操技能在船员考证中的比重，规范交通运输从业人员的管理。加强对运输车辆特别是从事危险品运输车辆的准入管理，严禁非法改装的车辆进入运输市场；加强船舶建造质量的检验把关，严禁“三无”船舶和低标准船舶进入市场，严禁不符合国家质量标准的特种起重设备进入工地。进一步强化建设项目审批前的安全评价，凡不符合安全生产准入条件的企业、从业人员、运输工具和设备，一律不得进入交通运输市场；凡不符合安全生产规定的交通运输工程建设项目，必须立即停止建设，已开工的交通运输工程建设项目，一经发现违规行为，必须立即停止建设。

三、加强企业主体责任的落实，进一步规范企业安全生产经营行为。各级交通运输主管部门要督促企业落实安全生产主体责任，进一步健全企业层级责任体系，建立一岗双责制度，强化对一线安全生产的管理和服务，重点推进交通运输企业安全质量体系的建设和评估审核。加大安全生产投入力度，加强安全生产技术的研发，重视推广应用安全生产新产品、新材料、新工艺，加快淘汰安全性能低、高耗能、高污染的车辆和船舶，重点推进内河船型标准化，推进危险品运输车辆厢(罐)式运输。

四、加强对非法违法行为的打击力度，保持良好的市场秩序。凡未取得经营许可资质从事交通运输生产的，要予以取缔。继续严厉打击非法从事道路水路运输、出租车运输的行为，继续强化道路超限、超载、超员和内贸集装箱以及运输船舶超限超载的治理，严厉打击长江、渤海湾、琼州海峡等水域滚装运输非法夹带危险品的行为，坚决取缔非法渡船渡口，加强运砂船超载整治。加大对交通建设工程的非法分包、转包行为以及违章作业的打击和治理力度。

五、加强安全隐患排查，加大突出问题治理力度。要按照“月统计、季通报、年考核”的要求，进一步强化企业自身安全隐患的排查治理。加强营运车辆安全性能检查，重点强化危险品运输车船、城市公交车辆、城市轨道交通、码头渡船渡口安全隐患排查，确保安全状况良好，从事危险化学品装卸、储运经营的港口企业，应按部的要求进行安全评价；加强桥梁、隧道、港口码头的安全隐患排查，对降低标准产生隐患的，要立即整改，对重大安全隐患要挂牌督办，进一步加大危桥改造力度。强化从事危险品作业的港口安全生产事故风险控制，大力开展船舶防碰撞、防泄漏工作，特别是要加强与农业部门的沟通协调，共同推进商船渔船的防碰撞工作。进一步强化节假日期间从事长途客运的安全管理，重点研究制定车辆夜间行驶的安全对策措施。加强对通航水域桥梁、港口设施通航安全的风险评估，强化通航安全监管，落实项目安全设施建设，严格安全设施与主体工程“三同时”。深入开展“平安工地”建设活动，把防坍塌、防坠落、防触电作为安全工作重点。

六、加强安全动态监管，提高监管能力和服务水平。加强对企业安全生产的绩效考核，建立交通运输企业和从业人员的诚信体系，将诚信考核作为准入管理、建立淘汰机制的重要组成内容。危险品运输车辆、旅游包车和三类以上的班线客车必须安装符合国家标准的具有行驶记录功能的卫星定位装置。加快推进交通运输安全生产综合信息平台建设，积极推进一类危险化学品全程动态监管，建立营运车辆动态信息公共服务平台，加强对重点桥隧、交通运输枢纽、航电枢纽、场站的监测监控，充分利用船舶交通管理系统（VTS）、船舶自动识别系统（AIS）、闭路电视监控系统（CCTV）等加强对港口、航道、重要通航水域和交通管制区船舶、特别是“四客一危”船舶的航行信息服务工作。加强重点桥隧工程施工安全风险评估，严防重特大安全生产责任事故的发生。督促企业积极落实高危行业企业安全生产费用，加大安全生产投入，提高现场安全防护条件，落实交通运输建设施工有关规定要求。

七、加强基层、基础建设，完善安全生产长效机制。要进一步完善安全生产和应急工作法规体系、加强体制机制建设，从根本上改变基层工作不扎实、基础工作不牢固的状况。重点强化农村公路的安保工程实施，推进农村客运和渡船渡口的安全管理，加快推进长江干线等内河安全监管和航行保障设施建设，提高内河航道的通航等级，进一步推进船舶定线制，鼓励和引导交通运输企业向规模化、集约化方向发展，引导企业由承运人向物流经营人转变。加强对基层工作的指导，加大现场检查的力度，进一步规范操作规程，强化岗位责任制的落实。

八、加强应急救援能力建设，提升突发事件应对水平。各级交通运输主管部门和企业要建立健全应急管理机制，结合交通运输实际，制定针对性强、可操作的应急预案，加强突发事件的预测预警和应急演练。根据全国公路网情况和公路交通突发事件的种类及特点，结合公路交通应急队伍的分布，加快推进国家、省、市公路交通应急救援保障中心的建设。依托大型道路运输企业，建立国家、省、市道路运输应急保障车队。加快监管救助飞行力量、大中型监管救助船舶、抢险打捞装备及基地建设；在沿海和内河主要通航水域，加快国家船舶溢油应急基地和溢油应急船舶建设，推进内河搜救机制和能力建设，加快建立完善水上搜救奖励与补偿机制。选择危险化学品码头多、危险品运量大的港口，建设国家级危险品事故应急物资及装备储备库。

九、加强队伍建设，提高从业人员的素质和能力。要有计划、有步骤地对各类人员进行轮训，提高专业知识和技能。进一步加强高危行业人员、新录用人员、转岗人员的培训教育；客运驾驶员、危险品运输驾驶员及押运员必须经过交通运输主管部门培训考试合格后持证上岗。加强公路和航道养护、大型专业机械操作、城市轨道交通工作人员、城市公共客运人员、船员等人员的培养和素质教育，提高安全操作技能和应急处置能力。强化路政、道路运输以及海事、救捞、港航、工程建设等监管和救助人才队伍建设。优化交通运输建设工程安全管理人员的结构，重点培养企业主要负责人、项目经理、安全管理员、监理工程师等，特别要高度重视农民工的岗前培训，切实提高农民工的安全生产技能。

十、加强安全督查和责任追究，全面落实安全生产责任。各级交通运输安全监管、人事、监察等部门要依法建立安全生产的责任追究制度，明确安全生产的责任和考核目标，严格执行党政领导干部安全生产问责制，并加强督查、考核和责任追究。根据相关法律和行业管理职责分工，建立事故查处的督办制度，加强事故调查和问责力度，按照"四不放过"的原则，严肃查处每一起安全生产事故，严肃追究责任领导和相关责任人。对安全生产责任不落实、整改不到位、造成人员伤亡和财产损失的，要依法对相关单位及其责任人给予处罚并追究责任。对违法违规、失职渎职导致事故发生的，要严肃查处、严格追究责任。

交通运输部

二〇一〇年八月十七日

附件 2

关于贯彻落实国务院坚持科学发展安全发展促进安全生产形势持续稳定好转的意见

交安监发〔2011〕791 号

各省、自治区、直辖市、新疆生产建设兵团交通运输厅(局、委),天津、上海市交通运输和港口管理局,部属各单位,中远、中海、中外运长航、招商局、中交建设集团:

为深入贯彻落实《国务院关于坚持科学发展安全发展促进安全生产形势持续稳定好转的意见》(国发〔2011〕40 号)文件精神,促进交通运输安全生产形势持续稳定好转,提出如下意见:

一、充分认识坚持科学发展安全发展的重大意义,全面贯彻落实国发〔2011〕40 号文件精神

安全生产事关人民群众生命财产安全,事关改革开放、经济发展和社会稳定大局,事关党和政府形象和声誉。坚持安全发展既是贯彻落实科学发展观的必然要求,又是科学发展观的重要内容。国发〔2011〕40 号文件是继《国务院关于进一步加强企业安全生产工作的通知》(国发〔2010〕23 号)之后,国务院下发的又一个重要文件,充分体现了党中央、国务院对安全生产工作的高度重视。国发〔2011〕40 号文件从深入贯彻落实科学发展观的战略和全局高度,进一步强调了安全发展的重大意义和安全生产的极端重要性,明确了今后一个时期安全生产工作的指导思想和基本原则,提出了加强改进安全生产工作、促进安全发展的一系列重大决策措施,是"十二五"时期乃至更长远一个时期的全国安全生产工作

具有重要指导作用的纲领性、规范性文件。

交通运输行业是国民经济和社会发展的重要基础行业，是国家安全生产的重点领域，直接关系到人民群众的安全畅通便捷绿色出行，关系到国家重要战略物资和人民群众基本生活资料的安全运输。交通运输系统各部门、各单位要充分认识坚持科学发展安全发展的重大意义，认真组织学习，坚决贯彻落实好国发〔2011〕40号文件精神，切实增强做好交通运输安全生产工作的责任感、使命感和紧迫感，时刻绷紧安全这根弦，把安全生产工作摆到更加重要的位置，扎实有效推进交通运输安全生产工作。

二、严格落实交通运输企业安全生产的主体责任和管理部门的监管责任

（一）继续深入贯彻落实国发〔2010〕23号文件精神，全面建立行政一把手负总责、其他领导分工负责、各部门各司其责的安全生产责任制，认真落实行政首长负责制和全体员工安全生产"一岗双责"制度，进一步健全安全生产责任体系，完善责任链条，切实把安全生产责任落实到基层，落实到每一个岗位。

（二）交通运输企业主要负责人、实际控制人要认真履行安全生产第一责任人的责任。健全完善并严格执行各项安全生产规章制度，严禁发生违章指挥、违规作业、违反劳动纪律的"三违"行为。持续加大安全生产投入，做好企业年度安全生产财务预算，提足用好安全生产费用，积极推行安全生产责任保险制度。建立并落实全体员工安全培训教育制度，提高全员安全意识和实操技能。相关部门和境外投资企业要切实加强对境外中资企业安全生产工作的指导和管理。

（三）各级交通运输管理部门要切实履行安全生产监管职责，加大督促检查、指导和监管工作力度，消除安全监管盲区。行政主要负责人作为安全生产第一责任人，要亲自抓、认真履行职责，及时研究部署安全生产工作。要进一步完善安全生产层级责任制，建立履行安全生产责任承诺制，强化安全生产目标考核，全面落实安全监管责任。要不断探索创新与交通运输经济运行、社会管理相适应的安全监管模式，建立健全与企业信誉、项目核准、市场准入和退出等方面

相挂钩的安全生产激励约束机制。

三、进一步加强交通运输安全生产法规制度体系建设，加大安全生产执法力度

（一）加强安全生产法规制度体系建设。制定交通运输安全生产监督管理办法等规章，建立交通运输安全生产重大隐患挂牌督办制度、安全生产责任追究制度、企业安全生产“黑名单”制度，完善安全生产事故约谈机制，落实《交通运输安全生产事故统计管理规定》（交安监发〔2011〕681 号），加强安全生产事故统计、报送和分析。各级交通运输管理部门和交通运输企业要进一步完善安全生产管理制度、岗位职责、操作规程，严格执行安全生产相关标准，积极推进并落实企业安全评估制度和市场退出机制。按照“四不放过”原则，严格执行事故查处挂牌督办制度，严肃安全生产事故查处和责任追究。

（二）全面推进交通运输企业安全生产标准化建设。落实《交通运输企业安全生产标准化建设实施方案》（交安监发〔2011〕322 号），出台交通运输企业安全生产标准化考评管理办法、达标标准以及考评程序、考评机构及考评人员等管理办法，完善相关配套实施细则。所有具体从事公路水路运输、城市客运和公路水运工程建设等生产经营建设活动的交通运输企业必须纳入安全生产标准化建设之中，实现岗位达标、专业达标和企业达标。2013 年年底前，所有从事客运、危险化学品和烟花爆竹等重点运输企业必须达标，其他交通运输企业在 2015 年前达标。要将企业安全生产达标工作与日常安全管理工作有机结合起来，并切实与相关行业行政许可挂钩，促进企业安全管理水平的有效提升。

（三）加大安全生产执法力度。进一步健全交通运输安全生产执法机制体制，健全机构、配足人员，特别是要充实基层一线安全监管力量，配齐安全监管设备设施。注重关口前移、重心下移，切实强化基层监管执法，法定节假日和重要活动期间，单位领导要深入基层、一线检查指导，确保各项措施落实到位。保持高压态势，继续会同相关部门严厉打击交通运输安全生产非法违法生产经营建

设行为,凡是发现有非法违法的,一定要从严从重打击,并将违法营运车船和相关公司、人员纳入“黑名单”。切实加强交通运输消防安全工作,大力实施消防安全“防火墙”工程。要深入开展安全生产调研,及时发现问题,采取有效措施加以解决,切实为企业安全生产做好指导服务。创新安全监管监察机制,切实做到严格、公正、廉洁、文明执法。各级交通运输管理部门和交通运输企业应建立健全安全生产举报制度,公布举报电话,主动接受社会公众监督。

四、突出抓好交通运输重要环节、重点领域的安全生产工作

(一)强化道路客运安全管理。严格“三关一监督”安全工作职责,严格“三不进站、五不出站”安全管理规定,严禁客运车辆挂而不管,严禁非法改装车辆从事旅客运输。强化客运驾驶员资格准入,严格从业资格考试,落实继续教育制度,全面提升驾驶员队伍的安全意识和应急处置能力。研究建立长途客车驾驶人强制休息制度,继续严厉打击超员、超速、高速公路违规停车等违法行为。严格按照规定强化安装具有行驶记录功能的卫星定位装置并实行联网联控,切实加强道路客运动态监测和违章的警示处理。实行道路客运安全告知制度,会同有关部门在高速公路客运方面推广使用安全带。

(二)强化水路运输安全监管。加强对“四区一线”重点水域和“四客一危”重点船舶的监管力度。严厉打击水上非法运输行为,重点治理砂石运输,严禁超载和非法营运,有效避免商渔船碰撞事故,特别是要加大渡口渡船的监管力度,坚决杜绝非法渡运情况的发生,杜绝重特大事故的发生。继续强化桥区、枢纽等重点通航水域的安全管理,严防船舶撞桥事故发生,加强大桥建设前的通航论证,将保障通航安全作为审批的重要内容,严格执行大桥通航安全保障等级标准,同步建设桥区航标和可靠的防撞设施;进一步完善桥区航标的配布,增加必要的助航设施,改善通航条件,提高安全保障水平。采取有效措施加强易流态化固体散装货物、钢材的水路运输安全管理。

(三)强化危险化学品、烟花爆竹和放射性物品运输安全管理。要认真贯彻

落实好《危险化学品安全管理条例》、《烟花爆竹安全管理条例》和《放射性物品运输安全管理条例》，特别是港口行政管理部门、海事管理机构、运政管理部门等要认真履行职责，严把从事危险化学品、烟花爆竹、放射性物品运输企业、运输车船、从业人员、站场（码头）的准入关，研究提高安全生产准入门槛，积极推进安全生产标准化建设。构建危险化学品、烟花爆竹、放射性物品运输行业及相关部门间的信息共享和工作协调机制，积极推进全程动态管控信息系统建设。危险货物运输车船必须按规定安装具有行驶记录功能的卫星定位、AIS 装置。切实强化内河、封闭水域危险化学品运输的监管，严防发生污染水域破坏生态的事故。严厉打击营运车船非法违法从事危险化学品运输，继续加大滚装运输和集装箱运输夹带危险化学品查处力度，二级以上客运站、重要客运码头渡口必须配备使用安检仪，推进车辆滚装运输安检系统的安装应用，严格禁止违禁物品上车、上船。研究制定危险化学品、烟花爆竹、放射性物品运输安全管理制度，不断强化安全监管手段。

（四）强化公路桥隧和城市轨道交通的运营安全管理。提高公路建设质量，完善安全防护设施，加强桥梁、隧道安全隐患排查治理，进一步加大危桥改造、农村公路安保工程的资金投入。所有拟建的长大桥隧必须进行安全评估；所有在建的长大桥隧工程必须作为安全监管重点；所有运营的城市轨道交通必须进一步完善安全生产责任体系，强化运营管理、组织指挥等安全措施，狠抓关键控制，健全应急预案，严格落实管理标准、技术标准和作业标准，切实加强人员安全教育培训，提高从业人员的业务素质和技术能力；所有已建的重要通航水域桥梁，未经过安全评估的必须进行通航风险评估。要进一步加强日常检查和维护，建立完善的安全监测和预警机制。各地交通运输主管部门要在当地党委和政府的领导下，继续加大治超工作力度，坚决遏制超载车辆引发的桥梁垮塌事故。

（五）严格项目建设安全准入，继续推进“平安工地”建设。按照“谁发证、谁审批、谁负责”的原则，进一步落实建设工程招投标、资质审批、施工许可、现场作业等各环节安全监管责任，严把安全生产条件准入关，强化建设项目安全核准，把安全生产条件作为高危建设项目审批的前置条件并严格执行。制定和实施建设、监理、施工等单位安全管理人员上岗标准，完善施工企业和从业人员安全信用体系，健全失信惩戒制度。严格执行相关法律法规和标准规范，落实项目建设安全设施“三同时”制度，未按照“三同时”要求执行的，不得竣工验收、投入使用。推进“平安工地”建设活动向长效机制转化，建立建设项目安全生产管理系统，开展桥梁隧道施工安全风险评估工作，加大公路水运工程安全隐患排查治理，实施公路水运工程施工现场安全生产条件达标考核管理，推行现场人员定位、危险部位施工全程动态监控预警，逐步实现施工现场安全监管信息化，推进工程建设安全。

五、加强交通运输安全生产风险管理和应急救援保障能力建设

（一）推行安全生产风险管理。建立交通运输安全生产重大风险源数据库，对重大安全隐患进行挂牌督办，对查处的安全隐患整改情况进行跟踪督办，强化整改效果。重点强化道路水路客运、危险化学品、烟花爆竹及放射性物品运输、桥梁、城市客运等方面安全隐患排查治理。企业要定期进行安全生产风险分析，及时对安全隐患进行排查、评估、治理。充分运用科技和信息手段，建立健全安全生产隐患排查治理体系，提高隐患排查治理的效率。

（二）加大科技兴安力度。建立完善以企业为主体、以市场为导向、产学研用相结合的安全技术创新体系，加大新技术、新设备、新产品的推广应用，增强安全保障能力。深入研究综合交通运输体系构架下的安全监管方向和相应配套的法规、制度和标准体系。加快交通运输安全监管、安全生产管理和标准化管理信息化建设。建立完善信息互通、协同高效的公路网管理平台体系，推进营运车辆联网联控信息系统和城市公交、轨道交通运营监控系统建设。企业应加快国家规定的各项安全系统和装备建设，创新企业安全管理方法，不断提升安全生产信息化水平和管理能力。

（三）推进安全生产和应急救援保障能力建设。加大公路、港口、航道、站场等安全基础设施的建设力度，重点加强高速公路和重要干线公路运行监控设施建设。加强港口、站场的安全和保安设施建设，完善事故频发区域的交通标志、标线、信号灯以及必要的隔离设施等配套设施建设。加强水上交通安全监管、航海保障以及救援能力建设。加快推进道路交通、船舶溢油、水上搜救、水下清障打捞等应急救援队伍建设。加快水上安全监管、救助和抢险抢通装备、溢油应急处置设施设备以及国家、省、市交通运输应急救援保障中心建设。完善公路水路应急运输保障机制，建立完善各项应急预案，加强应急演练，增强从业人员和社会公众应急处置能力。加强安全生产和应急装置器材的配置，为专门从事安全监管和应急管理工作的部门配置必要的交通工具、监督检测设备、事故调查取证与分析设备、个人防护设备等。加强交通运输工程施工事故生命探测、救援设备、个体防护等关键技术装备、专用抢险装备器材配备。

六、加强安全生产教育培训，提高从业人员的素质和安全意识

（一）大力实施安全生产培训。制订培训计划，开展不同层次的专业知识和技能培训，重点强化企业和管理部门负责人、安全管理人员、一线重点岗位人员、劳务工的安全培训。加强从业人员资格管理，企业主要负责人和分管负责人、安全管理人员、特种作业人员等必须按规定严格考核、持证上岗；监管执法人员必须经培训合格后方可上岗。加大继续教育力度，各级主管安全生产工作的领导以及业务骨干人员每年必须轮训一次，其他从事安全生产工作人员每三年必须进行一次系统培训，每次轮训和系统培训时间原则上不少于36学时。

（二）有力推进安全文化建设，提升安全文化素质。加大普法和宣传教育力度，运用多种形式，采取人民群众喜闻乐见的方式，利用电视、互联网、报纸、广播、宣传展板等，普及安全常识，营造“关爱生命、关注安全”的舆论氛围，积极开展安全生产和应急知识进企业、进学校、进乡村、进社区、进家庭活动，增强社会公众安全意识，提高事故防范和自救互救的能力。严格执行职业病防治法，认真

落实职业危害防护措施“三同时”制度，保障从业人员安全健康权益。大型企业要建立健全职业教育和培训机构，积极培育企业安全文化，打造企业安全文化精品，构建自我约束，持续改进的长效机制。

七、进一步加强对安全生产工作的领导

（一）加强组织领导。交通运输系统各部门、各单位要充分学习领会国发〔2011〕40 号文件精神，结合实际，拟定详细的落实措施，强化组织领导，把落实国发〔2011〕40 号文件精神作为当前和今后交通运输安全生产工作的一项重要工作来抓。充分发挥各级交通运输部门安全生产委员会及其办公室的综合协调作用，落实各成员单位的工作责任。

（二）加强安全生产绩效考核。按照《关于加强交通运输企业安全生产绩效考核的指导意见》要求，继续完善安全生产考核体系，把安全生产绩效考核纳入到经济社会发展考核评价指标体系，加大各级领导干部政绩业绩考核中安全生产的权重和考核力度。把安全生产工作纳入行业精神文明和党风廉政建设、社会管理综合治理体系之中。制定完善安全生产奖惩制度，对成效显著的单位和个人要以适当形式予以表扬和奖励，对违法违规、失职渎职的，依法严格追究责任。

（三）不断加大安全生产投入。完善安全投入方面的相关配套政策，按照《交通运输安全生产和应急体系“十二五”发展规划》，各级交通运输主管部门要持续加大安全生产投入，设立安全生产专项经费，探索建立中央、地方、企业和社会共同承担的安全生产长效投入机制。各交通运输企业要按照相关规定足额提取安全生产费用，加强安全生产设施设备的配备和更新，不断改善企业安全生产条件。

（四）加强对协会和中介机构的规范和指导。各交通运输行业协会要充分发挥桥梁和纽带作用，加强自律，推动行业安全生产标准化建设，建立安全生产诚信机制；组织指导会员企业开展安全生产宣传教育工作，积极推进交通运输企业安全文化体系建设。加强对交通运输安全生产中介机构的管理，实行严格的资格认证制度，确保中介机构依法履行教育培训、科技推广、安全评价、技术咨询等职能。

交通运输部
二〇一一年十二月二十七日

第二篇　交通运输企业安全生产标准化考评发证实施办法释义

第一章　总　　则

【释义】　总则一般是对制定目的、依据、适用范围、基本原则以及其他一些重要问题作出规定,起统领和指导作用。总则中的有关原则和制度,在其后的条文中一般都有具体体现和明确规定。《交通运输企业安全生产标准化考评发证实施办法》(以下简称《办法》)总则共有五条,分别规定了本《办法》的立法目的和依据、适用范围、管理职责分工等。这些内容的确定和规范,为以后各章节具体条文的设计确定了指导原则和理论基础。

第一条　为进一步规范交通运输企业安全生产标准化考评工作,依据《交通运输企业安全生产标准化考评管理办法》的规定,制定本办法。

【释义】　本条是关于《办法》立法目的和立法依据的规定。

本《办法》制定的目的是为了进一步规范交通运输企业安全生产标准化考评发证工作,确保考评发证全过程透明、公开,便于相互之间的监督。

第二条　本办法适用于交通运输企业安全生产标准化考评发证过程中的自评、申请、受理、考评、发证和监督管理。

【释义】　本条是关于《办法》适用范围的规定。

本条对《规定》的适用对象作了明确界定,即交通运输企业安全生产标准化考评发证过程中的自评、申请、受理、考评、发证和监督管理,应当遵守本《办法》的要求。

自评是指,交通运输企业根据安全生产标准化达标指标,结合企业安全生产实际情况,进行自主评分,并提出拟申报的等级。

申请是指,交通运输企业在完成自评后,根据拟申报的达标等级,向相应的主管机关申请考评。

受理是指,交通运输企业向主管机关提出考评申请,主管机关在审核企业提交的材料后,接受企业的考评申请。

考评是指,主管机关或考评机构根据交通运输企业安全生产标准化达标考评相关要求,对企业实施考评的过程。

发证是指,主管机关根据对企业安全生产标准化达标考评的结果,颁发相应等级的达标证书。

监督管理是指,主管机关对整个交通运输安全生产标准化达标考评全过程的监督管理。

第三条　交通运输企业安全生产标准化考评的主管机关按照管辖范围和职责权限负责组织实施考评发证工作。

【释义】　本条是关于考评发证实施机关职责的规定。

本条规定中的"主管机关"是指交通运输部、省级交通运输主管部门、长江航务管理局、珠江航务管理局。结合《交通运输企业安全生产标准化考评管理办法》第四条的规定,交通运输部负责全国一级达标企业的考评发证工作。省级交通运输主管部门负责本管辖范围内二、三级达标企业的考评发证工作。长江航务管理局、珠江航务管理局分别负责长江干线、西江干线跨省航运的二、三级达标企业的考评发证工作。

第四条　省级交通运输主管部门和长江航务管理局、珠江航务管理局可根据本办法制定具体规定,并报交通运输部。

【释义】　本条是关于部分主管机关可依据本《办法》制定具体规定的规定。

考虑到不同地区、不同类型企业在开展安全生产标准化达标过程中的差异,本《办法》仅规定了考评发证过程中的自评、申请、受理、考评、发证和监督管理等基本要求。为了确保企业安全生产标准化考评发证实施顺利，本条规定赋予了省级交通运输主管部门和长江航务管理局、珠江航务管理局可根据本办法制定具体规定的权力。需要说明的是，省级交通运输主管部门和长江航务管理局、珠江航务管理局制定的具体规定不能与本《办法》的规定相互矛盾、相互抵触，并应将制定的具体规定报交通运输部。

第五条　各主管机关、考评机构应严格按照本办法组织实施交通运输企业安全生产标准化考评发证。

【释义】　本条是关于考评发证应当遵守规则的规定。

本条要求，在对交通运输企业安全生产标准化实施考评发证时，主管机关和考评机构应严格遵照本《办法》相关规定执行。

第二章　考评流程

【释义】　本章从第六条到第十五条，共九条，是对企业安全生产标准化考评流程的规定。

第六条　交通运输企业应根据经营类别分别申请达标等级。

【释义】　本条是关于企业应根据经营类别分别申请达标等级的规定。

本条规定，交通运输企业应根据自身经营类别申请达标等级。这里的“经营类别”是指城市公共汽车客运企业、城市轨道交通运输企业、出租汽车企业、道路旅客运输企业、道路危险货物运输企业、道路交通普通货物运输企业、道路货物运输场站、机动车维修企业、汽车客运站、港口客运（滚装、渡船渡口）码头企业、港口普通货物码头企业、港口危险货物码头企业、水路旅客运输企业、水路交通普通货物运输企业、水路危险货物运输企业、交通运输建筑施工企业。

这里，交通运输企业在申请达标时会遇到两种情形：一是交通运输企业只有一种经营类别，那么在申请达标等级时，应按照经营类别选择；二是交通运输企业具有多种经营类别，那么在申请达标等级时，应按照经营类别，分别申请相应的达标等级。

第七条　申请达标等级的交通运输企业应对照《交通运输企业安全生产标准化达标考评指标》进行自评，逐项给出自评分值，形成自评报告，并通过交通运输企业安全生产标准化管理信息系统向相应的主管机关提出考评申请（申请表格式见附件）。

【释义】　本条是关于企业向主管机关提出考评申请的规定。

申请达标等级的交通运输企业在向主管机关提出考评申请前，应结合企业安全生产实际，对照《交通运输企业安全生产标准化达标考评指标》中相关指标进行自评，逐项给出自评分值，并针对每一项评分值给出详细的自评报告。

企业在进行自评后，通过交通运输企业安全生产标准化管理信息系统向相应的主管机关提出考评申请。交通运输企业安全生产标准化管理信息系统是交通运输部为了提高办事效率而开发的，考评发证过程中的自评、申请、受理、考评、发证等均可通过网上办理。

第八条　主管机关收到企业申请后确定考评机构受理考评。

【释义】　本条是关于主管机构收到考评申请后确定考评机构的规定。

主管机关在交通运输企业安全生产标准化管理信息系统接到企业考评申请后，应根据企业类型、申请等级来确定考评机构。

第九条　考评机构应在5个工作日内完成对企业申请材料的真实性和符合性的核查，对核查通过的企业启动考评；核查不通过的，应及时告知主管机关和

企业，并说明原因。

【释义】 本条是关于考评机构启动考评前工作程序的规定。

为了确保考评活动的顺利实施，考评机构应当对企业申请材料的真实性和符合性进行认真核查，核查的重点应包括：企业提供的相关材料是否真实、企业类型与申请类别是否相符、企业自评报告与企业现状是否相符等。

为了确保考评活动尽快开展，考评机构应在5个工作日内完成核查，核查通过的企业开始启动考评。核查不通过的，考评机构应及时告知主管机关和企业，说明不予以考评的原因。

第十条　考评机构应组织3名以上（含3名）具有相应资质的考评人员成立考评组，制定具体考评计划，告知企业后实施。

考评机构应在接到申请后25个工作日内完成对企业的考评。

【释义】 本条是关于考评机构组织考评前相关工作和完成时限的规定。

为了保证考评工作质量，本条规定考评组应由3名以上（含3名）具有相应资质的人员组成。这里的"相应资质的人员"是指，取得考评员资格证且专业类型与被考评企业申请类别相适应。考评组应结合企业基本情况和申请考评等级制定针对性强的计划，并告知被考评企业。

第十一条　考评组实施考评可采取提问、交谈、查阅文件和记录、现场检查与抽查等方式。若有必要，可以进行现场检测与测量。考评组在企业从事考评活动，按下列程序进行：

（一）考评启动。考评组应提前与企业协调确认考评计划及考评进度表，考评前应介绍考评流程、考评方法及保密承诺等。企业应向考评组介绍企业的组织构架和安全生产工作等情况。

（二）实施考评。考评组成员按照考评计划和任务分工实施考评，获取真实

数据,给出公正客观的考评分值和评价。

(三)考评组内部评议。考评组应进行内部评议,具体审核汇总各考评人员提交的考评依据和考评结果,研究确定综合考评结论。

(四)交换意见。考评组应向企业通报考评情况,交换考评结果,并就考评过程中发现的问题向企业提出整改建议。

【释义】 本条是关于考评组实施考评程序的规定。

本条规定是对考评组在企业实施考评活动时程序的有关规定,具体包括四个方面:

一、考评启动

本条规定了考评组和企业在考评启动阶段的有关义务。为了使接受考评的企业能够更好地配合考评组开展考评工作,考评组应提前与企业协调,确认考评计划安排。在考评组实施考评活动之前,应向企业主动告知考评的基本流程、考评采用的方法,并向企业做出保密承诺,不会在考评活动结束之后,向同行企业或外界泄漏企业有关的商业秘密。

企业有义务主动向考评组介绍企业的组织架构和安全生产工作等情况。企业在介绍组织架构时应重点包括两个方面的内容:一是企业整体的管理架构和部门的职能等;二是企业的安全生产组织架构和与安全生产相关部门的职责等。安全生产工作情况应重点包括两个方面的内容:一是企业安全生产基本情况,如企业规模、从事行业领域安全特点、安全生产的软、硬件条件等;二是企业运营期间的安全生产情况,如近年来安全生产事故情况、安全生产投入情况、隐患排查与治理情况等。

二、实施考评

考评组成员在实施考评活动时,应按照考评计划的安排,依据各自任务分工实施考评,依据《交通运输企业安全生产标准化达标考评指标》,结合企业提供的相关材料,给出公正客观的考评分值和评价。这里需要说明的是,考评员在对各项考评指标给出考评分值时,应附上所给分值的理由。

三、考评组内部评议

各考评人员在完成考评任务后,应将所负责部分的考评依据和考评结果提交至考评组。考评组汇总各考评员提交的考评材料后,应进行内部评议,重点评议两部分内容:一是审核汇总各考评员提交的结果,审核考评依据是否合适,考评结果是否可信;二是给出综合考评结论。考评组应根据考评结果,提出企业是否满足达标要求的意见,对于满足达标要求的,还应给出达标等级的建议。

四、交换意见

考评组应向企业通报考评情况,交换考评结果,并就考评过程中发现的问题向企业提出整改建议。

考评组在内部会议决议后,应向企业通报考评情况,与企业就考评结果充分交换意见,回答企业对于考评结果的有关疑问,并就考评过程中发现的问题向企业提出整改建议。

第十二条　企业对考评机构提出的整改意见,1 个月内能按要求整改到位的,经考评机构核实后,可视为达到考评要求。

【释义】　本条是关于考评后企业整改的规定。

通常情况下,考评组在对企业实施考评后,会发现一些安全生产方面的问题,并在考评活动结束后向企业提出整改意见。如果企业在 1 个月内能够按照考评组的要求,将存在的问题整改到位,且经考评机构核实的,可视为达到考评要求。

考评机构提出的整改意见,可遇到两种情况:一是考评机构进行考评后,存在的问题和隐患严重程度较低,考评机构可以书面形式向企业提出整改意见,同时抄报主管机关。企业在进行整改后,应按照整改意见完成整改报告。二是考评机构进行考评后,存在的问题和隐患严重程度较高,考评机构应向主管机关提出整改建议。主管机关视隐患的严重程度,决定下达重大隐患整改通知书。企业在完成整改后向主管机关反馈整改情况,并抄报考评机构。

第十三条　企业对考评结论存有异议的,可向同级主管机关、直至上级主管机关提出复核申请。主管机关应及时组织复核。

【释义】　本条是关于考评后复核申请的规定。

一般情况下,考评组应在现场考评时向企业说明考评的情况,并充分就考评结果交换意见,尽可能在现场就考评结果和企业达成一致意见。如果企业对考评结论有异议,且无法与考评机构达成一致意见,可以向同级主管机关提出复核申请。这里的“同级主管机关”是指与企业申请达标等级相对应的主管机关。主管机关在收到企业提出的复核申请后,应及时组织复核,复核的重点应集中在企业和考评机构存有异议的部分。如果同级主管机关组织复核的结论企业仍存在异议,可以向上级主管机构提出复核申请。

为了保证复核的公正性、合理性,主管机关可邀请与考评机构、企业无利害关系的专家参与。

第十四条　考评组考评工作结束后,应向考评机构提交考评报告,考评报告包含下列内容:

(一)考评组人员组成;

(二)考评综述;

(三)考评材料(含考评员考评结果原件等);

(四)考评结论;

(五)对企业的相关整改建议;

(六)其他需说明的问题。

【释义】　本条是关于考评组向考评机构提交报告的规定。

本条规定是对考评组在考评工作结束后，向考评机构提交考评报告的具体要求。考评组提交的考评报告具体包括六个方面：

一、考评组人员组成

本条所指的“考评组人员组成”，应当是实际参与考评工作的人员组成情况，包括考评组组长和成员。考评组人员组成应当列出考评组长和成员的姓名、考评员资格证证书编号、资格证有效期等信息。

二、考评综述

本条所指的“考评综述”，应当是考评组对企业实施安全生产标准化考评工作全过程的描述材料。

三、考评材料（含考评员考评结果原件等）

本条所指的“考评材料”，包括基础资料、考评员考评结果原件等材料。基础资料是指考评组在实施考评过程中所搜集的相关资料，包括企业提供的资料、考评员现场考评记录的影像、文字等资料。考评员考评结果原件是指考评员结合企业提供的资料，进行现场考评后评分、给出考评结果的原始记录。

四、考评结论

考评报告应明确考评的结论，给出企业能否达到所申请等级的结论性建议。

五、对企业的相关整改建议

本条所指的“对企业的相关整改建议”，是考评组在实施考评后，针对企业在安全生产标准化建设方面的不足提出的整改建议。考评报告中包括整改建议，有利于考评机构按照本《办法》第十二条规定，在核实企业整改落实情况时，做到有据可查。

六、其他需要说明的问题

本条是针对前面五条的补充，考评组在对企业实施安全生产标准化考评过程中，会遇到各种各样的问题，前面五条难以涵盖考评报告的内容，因此，本条作了补充。

第十五条　考评机构收到考评组的考评报告并按程序审查后，向主管机关提交考评结论及达标等级意见。

【释义】　本条是关于考评机构向主管机关提交考评意见的规定。

考评机构在收到考评组的考评报告后，首先应核对考评报告内容是否满足本《办法》第十四条的要求。然后，按照程序进行审查后，向主管机关提交考评结论和达标等级意见。

第三章　考 评 发 证

第十六条　主管机关收到考评机构提交的考评结论后，应对企业拟达标的等级进行公示（公示期 7 天），公示期间没有实名举报的应向企业颁发安全生产标准化达标等级证书，并向社会公布。公示期间如有实名举报，主管机关应进行核查，举报不属实和举报属实但不影响考评结论的应予以发证；举报属实且影响考评结论的不予发证。

【释义】　本条是关于考评结果公示的规定。

根据《中华人民共和国行政许可法》规定，行政主管部门在对行政许可事项完成审查后，应当尽到告知义务并在规定的时限内作出行政许可决定。安全生产标准化等级考评虽不属于行政许可事项，但由于涉及申请企业的切身利益，从规范政府行政管理的要求出发，应当及时公布，让申请企业尽早知晓考评结果，这可以更好地体现服务思想，接受申请企业及社会各界监督。公示的方式可以是印发通知，也可以是通过网站及相关媒体公布。本《规定》规定，公示期为 7 日，期间如果有实名举报的，主管机关应进行核查。对于举报属实且影响考评结论的，不予以发证；对于举报不属实和举报属实但不影响考评结论的应予以发证。证书由主管机关盖章，其发放可以由主管机关指定的考评机构代发。

第十七条　省级交通运输主管部门和长江航务管理局、珠江航务管理局应将二、三级达标企业发证情况报交通运输部。

【释义】　本条是关于二、三级发证主管机关向交通运输部上报发证情况的规定。

《关于印发交通运输企业安全生产标准化建设实施方案的通知》(交安监发〔2011〕322号)在工作目标中明确指出,交通运输企业全面开展安全生产标准化建设工作,实现企业安全管理标准化、作业现场标准化和操作过程标准化。力争从事客运、危险化学品和烟花爆竹等重点运输企业在2013年底前达标,其他交通运输企业在2015年前达标。

本条规定省级交通运输主管部门和长江航务管理局、珠江航务管理局应将二、三级达标企业发证情况报交通运输部,是为了交通运输部能够及时掌握全国交通运输企业安全生产标准化工作的开展情况。所有上报信息均通过信息系统上报。

第十八条　企业安全生产标准化达标证书应按照交通运输部规定的统一样式(见附件)制发。

【释义】　本条是关于企业安全生产标准化达标证书制发的规定。

交通运输企业安全生产标准化达标证书由交通运输部统一制发,可以促进交通运输企业安全生产标准化管理的规范化,提高证件的权威性。

交通运输部将同意制发的达标证书,发放给考评主管机关。各地应按照统一编码规则,加强对证书的管理。关于达标证书的编码规则,交通运输部将另行公布。

第四章　日常管理

第十九条　获得安全生产达标等级证书的企业每年应进行自评，并在次年1月底前将年度自评报告报发证主管机关。

【释义】　本条是关于企业进行自评的规定。

为了达到安全生产持续改进、不断提高的目的，获得安全生产达标等级证书的企业应每年进行自评，并形成报告报发证主管机关。

第二十条　上级主管机关应对下级主管机关和考评机构的考评工作进行监督检查。

【释义】　本条是关于主管机关和考评机构监督检查的规定。

为了保障交通运输企业安全生产标准化工作开展顺利，很有必要加强对考评工作的监督检查。本条明确了主管机关既是监督检查的主体也是客体，考评机构是监督检查的客体。

第五章　附　　则

第二十一条　本办法自发布之日起实施。

【释义】　本条是关于本《办法》实施时间的规定。

附件

交通运输企业安全生产标准化达标考评

申

请

表

申请日期：　　年　　月　　日

中华人民共和国交通运输部制

交通运输企业安全生产标准化达标考评申请表

<table>
<tr><td>企业名称</td><td colspan="3"></td></tr>
<tr><td>经营范围</td><td colspan="3"></td></tr>
<tr><td>法人代表</td><td></td><td>注册地</td><td></td></tr>
<tr><td>注册时间</td><td></td><td>申请记录</td><td>有□　　年　月　　无□</td></tr>
<tr><td>申请类别</td><td></td><td>申请等级</td><td></td></tr>
<tr><td>主管机关</td><td colspan="3"></td></tr>
<tr><td rowspan="7">相关附件</td><td colspan="3">1. 企业法人营业执照、经营许可证等　□</td></tr>
<tr><td colspan="3">2. 企业基本情况和安全生产组织架构　□</td></tr>
<tr><td colspan="3">3. 企业安全生产基本情况　□</td></tr>
<tr><td colspan="3">4. 相关安全生产管理体系证书(证明)及近3年安全事故情况　□</td></tr>
<tr><td colspan="3">5. 企业自评报告　□</td></tr>
<tr><td colspan="3"></td></tr>
<tr><td colspan="3"></td></tr>
<tr><td>主管机关
意　　见</td><td colspan="3">(电子签名)　　年　月　日</td></tr>
<tr><td>备　　注</td><td colspan="3"></td></tr>
</table>

说明:如有申请记录请在该栏填写最近一次申请时间。

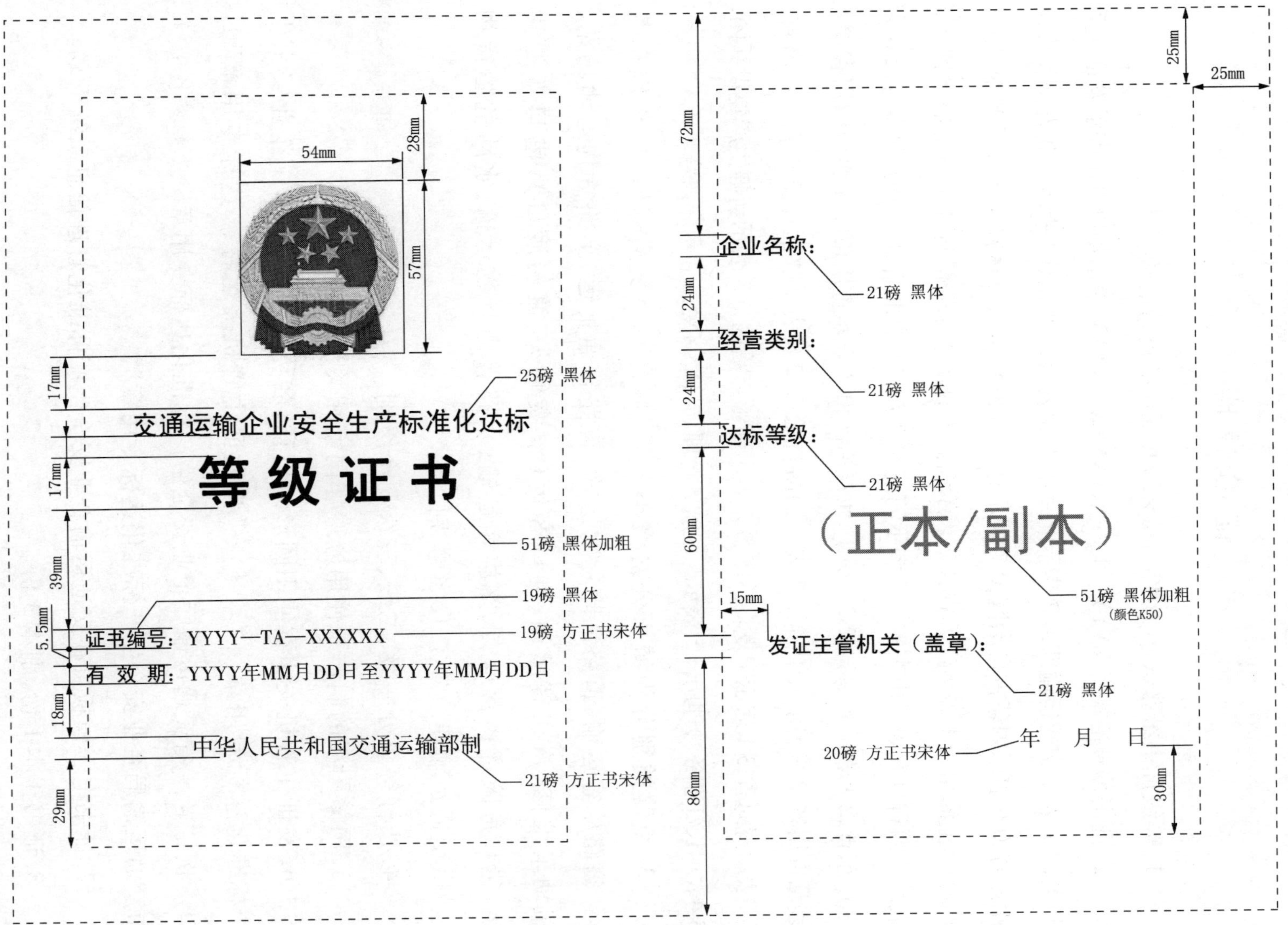
54mm
28mm
57mm
17mm
交通运输企业安全生产标准化达标
25磅 黑体
17mm
等级证书
51磅 黑体加粗
39mm
19磅 黑体
5.5mm
证书编号：YYYY—TA—XXXXXX
19磅 方正书宋体
有 效 期：YYYY年MM月DD日至YYYY年MM月DD日
18mm
中华人民共和国交通运输部制
21磅 方正书宋体
29mm
25mm
25mm
72mm
企业名称：
21磅 黑体
24mm
经营类别：
21磅 黑体
24mm
达标等级：
21磅 黑体
（正本/副本）
51磅 黑体加粗
(颜色K50)
60mm
15mm
发证主管机关（盖章）：
21磅 黑体
年　月　日
20磅 方正书宋体
30mm
86mm

证书说明

1. 等级证书纸张大小为420mm×297mm(A3),带底纹。

2. 证书编号格式为YYYY—TA—XXXXXX。YYYY表示年份;TA表示发证主管机关(01表示交通运输部,02表示北京市,03表示天津市,04表示河北省,05表示山西省,06表示内蒙古自治区,07表示辽宁省,08表示吉林省,09表示黑龙江省,10表示上海市,11表示江苏省,12表示浙江省,13表示安徽省,14表示福建省,15表示江西省,16表示山东省,17表示河南省,18表示湖北省,19表示湖南省,20表示广东省,21表示海南省,22表示广西自治区,23表示重庆市,24表示四川省,25表示贵州省,26表示云南省,27表示西藏自治区,28表示陕西省,29表示甘肃省,30表示青海省,31表示宁夏自治区,32表示新疆自治区,33表示新疆生产建设兵团,34表示长江航务管理局,35表示珠江航务管理局);XXXXXX表示序列号。

3. 经营类别分为城市公共汽车客运、城市轨道交通运输、出租汽车营运、道路旅客运输、道路危险货物运输、道路普通货运、道路货物运输场站、机动车维修、汽车客运站、港口客运(滚装码头、渡船渡口)、港口普通货运、港口危险货物营运、水路旅客运输、水路普通货物运输、水路危险货物运输、交通运输建筑施工16个类别。

4. 达标等级分一级、二级、三级3个级别。

5. 国徽图案的制作及使用应遵守国家相关法律和规范。

6. 发证主管机关印章使用圆形封口章,名称统一为"＊＊＊企业安全生产标准化达标专用章","＊＊＊"为发证主管机关名称,"达标专用章"封口。例:"＊＊省交通运输厅企业安全生产标准化达标专用章"、"＊＊省＊＊市交通运输局企业安全生产标准化达标专用章"。

7. 证书电子模板可在交通运输企业安全生产标准化管理信息系统下载。

8. 证书正本1份,副本3份。

第三篇 交通运输企业安全生产标准化考评机构管理实施办法释义

第一章　总　　则

【释义】　总则是对制定目的、依据、适用范围、基本原则以及其他一些重要问题作出规定，具有宏观指导作用。总则中的有关原则和制度，在其后的条文中一般都有具体体现和明确规定。《交通运输企业安全生产标准化考评机构管理实施办法》（以下简称《考评机构管理实施办法》）总则共分四条，分别规定了《考评机构管理实施办法》的立法目的和依据、交通运输企业安全生产标准化考评机构（以下简称考评机构）的定义、管理权限。总则内容为后续各章节具体内容确定了方向和原则。

第一条　为做好交通运输企业安全生产标准化考评工作，规范交通运输企业安全生产标准化考评机构（以下简称：考评机构）考评行为，根据《交通运输企业安全生产标准化考评管理办法》等有关规定，制定本办法。

【释义】　本条是关于《考评机构管理实施办法》立法目的和立法依据的规定。

党中央、国务院一直高度重视安全生产工作。2011 年 5 月 3 日，国务院安委会印发了《关于深入开展企业安全生产标准化建设的指导意见》（安委〔2011〕4 号），要求各部委、各级政府持续开展企业安全生产的标准化，深化企业安全生产标准化管理电子信息化。为切实抓好交通运输行业安全生产标准化建设工作，我部印发了《交通运输企业安全生产标准化建设实施方案》（交安监发〔2011〕322 号），部署从 2012 年起全面开展交通运输安全生产标准化建设工作，并要求从事客运、危险化学品和烟花爆竹等重点运输企业在 2013 年底前达标，其他交通运输企业在 2015 年前达标。按国家要求，交通运输企业安全生产标准化达标工作分为三级，其中一级由我部或认定的考评机构进行考评，二级和三级由各省级交通运输主管部门和长江、珠江航务管理局或其认定的考评机构进行考评。

交通运输企业安全生产标准化考评工作由主管机关或其认定的考评机构负责实施。考评机构是指经主管机关认定,从事企业安全生产标准化达标考评的单位。考评机构规范、客观、公正直接决定了考评活动开展的质量,是交通运输企业安全生产标准化考评工作的重要因素。2012 年 4 月,交通运输部正式印发了《交通运输企业安全生产标准化考评管理办法》(交安监发〔2012〕175 号),该办法是交通运输企业安全生产标准化建设工作的总体宏观纲领性文件,对各级交通运输管理部门管理权限、考评机构和考评员基本准入条件和权利义务、考评与发证活动、相关责任与义务等作出了规定。《考评机构管理实施办法》是依据《交通运输企业安全生产标准化考评管理办法》有关规定,对考评机构应具备的条件、考评机构日常管理等方面提出了要求。按照国务院相关工作部署和部领导批示要求,部安委办在起草交通运输企业安全生产标准化建设实施方案的同时,迅速组织力量着手起草考评管理办法,起草考评机构、考评员和考评发证管理实施办法。整个起草工作历时约 10 个月,经 10 余次以多种形式征求部内司局、各地交通运输主管部门及部分企业共 90 余家单位的意见,20 次集中讨论修改,完成送审稿,于 2012 年 4 月由部领导同意签发。

第二条　各级交通运输主管部门及长江航务管理局、珠江航务管理局(简称:主管机关)对考评机构的监督管理以及考评机构的考评活动,适用本办法。

【释义】　本条是关于《考评机构管理实施办法》适用范围的规定。

本条主要包括两条含义:一是各级交通运输主管部门及长江航务管理局、珠江航务管理局(简称:主管机关)对考评机构的管理和监督,适用本办法;二是考评机构的考评活动,适用于本办法。

长江航务管理局、珠江航务管理局作为交通运输部派出机构,负责长江干线、西江干线跨省航运企业的审批,按照“谁审批、谁负责”的原则,由长江航务管理局、珠江航务管理局分别负责长江干线、西江干线跨省航运企业安全生产标准化工作。

第三条　考评机构是指经主管机关认定，从事交通运输企业安全生产标准化达标考评的单位。

【释义】　本条是关于考评机构认定的规定。

考评机构是实施交通运输企业安全生产标准化考评工作的重要单位，起着联系主管机关和企业的纽带作用。考评机构的认定对于考评工作的公正性、考评结果的合理性都具有十分重要的意义。为了保证交通运输企业安全生产标准化工作的顺利开展，本办法规定，考评机构经主管机关认定产生。考评机构必须按照有关条款的要求，取得交通运输主管机关发放的相应等级的考评资格证书，方可从事交通运输企业安全生产标准化考评工作。

第四条　交通运输部负责全国交通运输企业安全生产标准化考评机构的监督管理和指导工作，具体负责认定和管理从事一级达标交通运输企业考评工作的考评机构；各地交通运输主管部门、长江航务管理局、珠江航务管理局根据管辖范围负责认定和管理从事二、三级达标交通运输企业考评工作的考评机构。

【释义】　本条是关于主管机关对考评机构认定和管理的规定。

交通运输部作为国家交通运输行业的主管部门，依靠其法定职责分工代表国务院对全国交通运输企业开展安全生产标准化工作。本条规定，交通运输部具体负责认定和管理从事一级达标交通运输企业考评工作的考评机构。

各地交通运输主管部门是指省、市、县级交通运输主管部门。其中，省级交通运输主管部门包括：各省、自治区、直辖市、新疆生产建设兵团交通运输厅(局、委)，天津、上海市交通运输和港口管理局。本条规定，各地交通运输主管部门负责认定和管理二、三级达标企业考评工作的考评机构。

长江航务管理局、珠江航务管理局作为交通运输部派出机构，负责长江干线、西江干线跨省航运企业安全生产标准化工作，负责认定和管理从事二、三级达标交通运输企业考评工作的考评机构。

第二章　考评机构类别与资质

第五条　考评机构资质类型分为道路运输、水路运输、港口营运、城市客运、交通运输工程建设五类。

道路运输资质类型含道路旅客运输、道路危险货物运输、道路普通货运、道路货物运输站场、机动车维修、汽车客运站等经营类别；水路运输资质类型含水路旅客运输、水路普通货物运输、水路危险货物运输等经营类别；港口营运资质类型含港口客运（滚装码头、渡船渡口）、港口普通货运、港口危险货物营运等经营类别；城市客运资质类型含城市公共汽车客运、城市轨道交通运输、出租汽车营运等经营类别；交通运输工程建设资质类型含交通运输建筑施工经营类别。

【释义】　本条是关于考评机构资质类型分类的规定。

本条规定，从事交通运输企业安全生产标准化考评工作的考评机构资质类型分为五类：道路运输、水路运输、港口营运、城市客运、交通运输工程建设。

2008年十一届全国人大一次会议批准的《国务院机构改革方案》，将原建设部指导城市客运的职责整合划入交通运输部。交通运输部负责指导全国城市公交、出租汽车和城市轨道交通运营管理工作，各地也逐步理顺出租汽车管理体制，基本完成了职责移交工作，形成了城市客运由交通运输主管部门负责管理的体制。这次考评机构对交通运输企业开展安全生产标准化考评工作，专门将城市客运纳入考评范围，其中包括城市公共汽车客运企业、出租汽车企业和城市轨道交通运输企业。城市公共汽车客运企业和出租汽车企业的考评结果等级与其他类别企业一样分为一级、二级和三级，但考虑到城市轨道交通运输企业的特殊性和对安全要求较高，在十六个类别的企业中，只有城市轨道交通运输企业只设了一级和二级。

按照交通运输行业安全生产领域的特点，结合交通运输企业安全生产标准化达标考评指标分类，将考评机构分为道路运输、水路运输、港口营运、城市客运、交通运输工程建设5大类型。其中，道路运输资质类型包括道路旅客运输、道路危险货物运输、道路普通货运、道路货物运输站场、机动车维修、汽车客运站等经营类别。水路运输资质类型包括水路旅客运输、水路普通货物运输、水路危险货物运输等经营类别。港口营运资质类型包括港口客运（滚装码头、渡船渡口）、港口普通货运、港口危险货物营运等经营类别。城市客运资质类型包括城市公共汽车客运、城市轨道交通运输、出租汽车营运等经营类别。交通运输工程建设资质类型包括交通运输建筑施工经营类别。

此外，各省级交通运输主管部门和长江航务管理局、珠江航务管理局可根据职责，结合实际情况，增加上述5大类型16个类别之外的企业，如高速公路运营、驾驶员培训、公路养护、航道疏浚维护等类别企业纳入到交通运输企业安全生产标准化达标考评范围，报交通运输部备案，并按照交通运输部相关文件要求和格式制定相应达标考评指标及实施办法，同时将新增类别作为考评机构和考评员类型的第6种“其他类型”，按照交通运输企业安全生产标准化的有关办法规定，进行考评机构的认定，考评员的培训、考试、发放证书以及对企业的考评等。

第六条　考评机构的资质分为一、二、三级。同一级别考评机构最多只能申请两种专业类型。

一级考评机构由交通运输部认定，二级、三级考评机构由各地交通运输主管部门和长江航务管理局、珠江航务管理局认定，并报交通运输部。一级、二级、三级考评机构分别负责相应交通运输企业的达标考评工作。

【释义】 本条是关于考评机构资质分级的规定。

本条主要包含三个方面的含义:

一是明确了考评机构资质的分级,即分为一、二、三级。同时,规定了同一级别的考评机构最多只能申请“道路运输、水路运输、港口营运、城市客运、交通运输工程建设”五类中的两种专业类型。

二是明确了实施考评机构认定的主管机关。交通运输部负责认定一级考评机构。各地交通运输主管部门和长江航务管理局、珠江航务管理局负责认定二级、三级考评机构,同时,要将认定机构情况报交通运输部备案。

三是明确了三个级别的考评机构负责相应级别企业的达标考评工作,分类分级考评、互不交叉,即具有相应资质的一级考评机构只能对申报相应类型一级达标企业实施考评,不能考评二级三级。二级、三级的考评亦是如此。

第七条　考评机构应取得主管机关颁发的交通运输企业安全生产标准化考评机构资质证书(以下简称:资质证书,样式见附件)。资质证书包含考评机构的资质类型和资质等级,有效期 5 年。已认定的考评机构由主管机关向社会公布。

【释义】 本条是关于考评机构资质证书的规定。

本条主要包含三个方面的含义:

一是规定考评机构应取得主管机关颁发的考评机构资质证书。资质证书格式由交通运输部统一制定,资质证书编号格式为 YYYY—TA—XXXXX,其中 YYYY 表示年份,TA 表示发证主管机关,XXXXX 表示序列号。这样可以促进交通运输企业安全生产标准化管理的规范化,提高证件的权威性。

二是资质证书包含的主要信息有:考评机构的资质类型、资质等级、资质证书有效期。资质证书设置有效期,其主要目的是确保资质证书持有单位持续满足资质要求。交通运输企业安全生产标准化考评机构资质证书设置有效期为 5

年，一旦考评机构本身条件不适合继续从事交通运输企业安全生产标准化达标工作或者考评机构在有效期内如果没有从事达标考评工作，将要重新认定其资质。

三是主管机关需将认定的考评机构向社会公布。一方面，便于企业了解、核实考评机构持有资质情况；另一方面，也有利于社会对考评机构的监督。各主管机关要设立举报电话，各交通运输企业、从业人员、考评员等对考评机构在考评过程中出现的问题可以向主管机关进行举报。凡是实名举报的，主管机关应进行核实，并向举报单位和个人进行反馈，如考评机构存在问题，应采取相应的措施，直至吊销考评机构资格，涉及犯罪的，移交司法机关处理。

第八条　资质证书有效期满需要换证的，应于期满前 3 个月内向主管机关提出换证申请，经主管机关审查合格的可以换发证书；不合格的，不予换发证书。

【释义】　本条是关于考评机构资质证书换证的规定。

交通运输企业安全生产标准化考评机构资质证书的有效期为 5 年，资质证书有效期满前需要换证，换证时应在期满前的 3 个月内向主管机关提出换证申请，经主管机关审查合格的给予换发证书，不合格的，不予换发证书。如考评机构在有效期满前 3 个月内未向发证主管机关提出换证申请的，视同放弃，主管机关到期后注销该证书。

第三章　考评机构资质条件

第九条　一级考评机构应当具备下列条件：

（一）从事交通运输业务的事业单位或经批准注册的交通运输社团组织；

（二）具有相适应的固定办公场所、设施和必要的技术条件；

（三）从事专职管理和取得相应类别考评资格且未在其他考评机构从事考

评工作的人员不少于7名(其中具有高级技术职称的不少于3名);

(四)从事相关业务领域管理、咨询、服务工作;

(五)制定了完善的考评管理制度。

【释义】 本条是关于一级考评机构应当具备条件的规定。

本条规定一级考评机构应当具备下列五个条件,缺一不可:

一是必须是从事交通运输业务的事业单位或经批准注册的交通运输社团组织。考虑到部分地区交通运输事业单位、经批准注册的交通运输系统社团组织的数量相对较少,难以满足交通运输企业安全生产标准化考评工作的要求,各地可根据实际情况,适当扩大考评机构来源范围,但必须有从事交通运输经营业务的事业单位,且经交通运输主管部门认定。这里明确,只有交通运输事业单位或交通运输社团组织,才有资格成为一级考评机构。企业、其他行业的协会和中介机构都不能成为一级考评机构。

二是必须具备相适应的固定办公场所、设施和必要的技术条件。这条主要是对一级考评机构在硬件方面的规定和基本要求。

三是取得相应类别考评资格的专职工作人员不少于7名,其中高级技术职称的人员不少于3名。这里需要说明的是,专职工作人员是指没有在其他考评机构兼职。这条主要是对一级考评机构在人员资质方面的规定和基本要求。

四是除了交通运输企业安全生产标准化考评工作外,也从事相关业务领域管理、咨询、服务工作。这条是对一级考评机构在工作基础、工作经验方面的规定和基本要求。

五是制定了完善的考评管理制度。这条是对一级考评机构在体制机制方面的规定和基本要求。

第十条　二级、三级考评机构应当具备下列条件:

(一)从事交通运输业务的事业单位或经批准注册的交通运输社团组织;

（二）具有相适应的固定办公场所、设施和必要的技术条件；

（三）从事专职管理和取得相应类别考评资格且未在其他考评机构从事考评工作的人员，二级不少于5名（其中具有高级技术职称的不少于2名），三级不少于3名（其中具有高级技术职称的不少于1名）；

（四）从事相关业务领域管理、咨询、服务工作；

（五）制定了完善的考评管理制度。

【释义】　本条是关于二级、三级考评机构应当具备条件的规定。

本条规定二级、三级考评机构应当具备下列五个条件，缺一不可：

一是必须是从事交通运输业务的事业单位或经批准注册的交通运输社团组织。考虑到部分地区交通运输事业单位、经批准注册的交通运输系统社团组织的数量相对较少，难以满足交通运输企业安全生产标准化考评工作的要求，各地可根据实际情况，适当扩大考评机构来源范围，但必须有从事交通运输经营业务的事业单位，且经交通运输主管部门认定。这里明确，只有交通运输事业单位或交通运输社团组织，才有资格成为二、三级考评机构。企业、其他行业的协会和中介机构都不能成为二、三级考评机构。

二是必须具备相适应的固定办公场所、设施和必要的技术条件。这条主要是对二、三级考评机构在硬件方面的规定和基本要求。

三是对于二级机构，取得相应类别考评资格的专职工作人员不少于5名，其中高级技术职称的人员不少于2名；对于三级机构，取得相应类别考评资格的专职工作人员不少于3名，其中高级技术职称的人员不少于1名。这里需要说明的是，专职工作人员是指没有在其他考评机构兼职。这条主要是对二级、三级考评机构在人员资质方面的规定和基本要求。

四是除了交通运输企业安全生产标准化考评工作外，也从事相关业务领域管理、咨询、服务工作。这条是对二、三级级考评机构在工作基础、工作经验方面的规定和基本要求。

五是制定了完善的考评管理制度。这条是对二级、三级考评机构在体制机制方面的规定和基本要求。

此外,如果二级企业的考评工作是由省级交通运输主管部门进行的,可以委托省级交通运输相应的管理部门进行对企业安全生产标准化进行考评,但不改变委托或授权主管机关的责任。三级企业可由省级或委托地市交通运输主管部门进行考评。

如果主管机关在交通运输企业安全生产标准化建设中存在将有关职责或权限授权的行为,应加强对被委托或授权单位的监督和管理,确保各项工作公平、公正、公开开展。同时,主管部机关不得将涉及考评机构指派、考评员发证、企业达标审核及发证等工作委托或授权系统内行政事业之外的单位或机构。

第四章 监督管理

第十一条　主管机关应当根据其管辖范围内交通运输企业数量、经营类别以及具备开展安全生产标准化考评条件的机构等情况,合理认定考评机构。

【释义】　本条是关于主管机关在认定考评机构时考虑情况的规定。

考评机构是实施交通运输企业安全生产标准化考评工作的重要组成单位,合理认定考评机构的数量和类别,对于开展考评工作具有十分重要的意义。如果经认定的考评机构数量不足,交通运输企业安全生产标准化达标工作进度可能就会受到影响,不能实现“力争从事客运、危险化学品和烟花爆竹等重点运输企业在2013年底前达标,其他交通运输企业在2015年前达标”的目标。如果经认定的考评机构数量过多,技术水平、管理水平可能会存在参差不齐的情况,不利于考评结果的公正、合理。

总体要求是考评机构的数量适中、资质类别分布合理。因此,本条规定主管机关应当根据其管辖范围内交通运输企业数量、经营类别以及具备开展安全生产标准化考评条件的机构等情况，合理认定考评机构。

第十二条　申请考评机构资质的应按照相关规定，通过交通运输企业安全生产标准化管理信息系统向相应的主管机关提交电子申报材料(申请表格式见附件)。

【释义】　本条是关于考评机构资格申请程序和应提交材料的规定。

交通运输安全生产标准化建设工作涉及公路、水路交通运输、城市客运、工程建设、汽车维修等各类企业。企业数量巨大，规模不一、业务繁杂。交通运输企业安全生产标准化建设工作时间紧、任务重。为强化达标工作管理、科学规范考核流程和评级工作、提高考核评级效率、切实有效减轻企业负担，在《交通运输企业安全生产标准化建设方案》和《交通运输企业安全生产标准化达标管理办法》框架下，建设了交通运输企业安全生产标准化管理系统，以信息化为手段，实现企业安全生产标准评级工作的申报、评级和科学管理。

申报考评机构的单位应通过交通运输企业安全生产标准化管理信息系统向主管机关提交电子申报材料，申报一级考评机构应向交通运输部提交，申报二级、三级考评机构根据申请资质类别向相应的各地交通运输主管部门、长江航务管理局、珠江航务管理局提交。

本条规定，拟从事交通运输企业安全生产标准化达标考评的考评机构，应当通过交通运输企业安全生产标准化管理系统填写《交通运输企业安全生产标准化考评机构申请表》，向相应主管机关申请考评机构资质。

本条所指“申请”，是指通过交通运输企业安全生产标准化管理系统向交通运输主管机关提出参加交通运输企业安全生产标准化考评员培训考试的意愿，并正确填写相关申请资料。为了加强考评员资格申请、培训、考试管理，本条明确了《交通运输企业安全生产标准化考评员申请表》的内容及格式。在填写申请表时，姓名应当与身份证明一致，工作单位填写现工作单位名称，住址填写现居住地址,主要学习经历从高中以后开始填写。相关证明文件,包括身份证明、学历证明、培训合格证明等电子文档,应通过交通运输企业安全生产标准化管理系统报送。身份证明包括身份证、户口本、护照;学历证明应为国家教育机构认可的毕业证明;培训合格证明是指申请人参加由交通运输主管部门组织的考评员资格申请人员培训班,完成规定学时,经考试合格颁发的合格证明。申请人应当对填写上报申请材料的真实性、有效性负责,并承担由此产生的法律责任

第十三条　考评机构应当建立考评员档案,并将下列材料汇总后报主管机关。

(一)考评员汇总表、登记表;

(二)专职考评员聘用证明;

(三)考评员培训合格证明;

(四)其他相关材料。

【释义】　本条是关于考评员管理档案的规定。

一、关于建立考评员档案的主体

本条规定,建立考评员管理档案的管理主体为考评机构。考评机构应当建立考评员管理档案。随着社会进步和技术的发展,考评机构应在纸质档案管理的基础上,逐步实现考评员档案管理的电子化、信息化,提高管理效率。

二、关于考评员档案的构成

本条规定考评机构应将考评员档案相关资料汇总后报主管机关。档案汇总材料的内容,主要包括考评员汇总表、登记表;专职考评员聘用证明;考评员培训合格证明(必须经属地省级交通运输主管认定的);其他相关材料。

考评员汇总表、登记表主要包括考评员在考评机构的从业登记表、考评机构针对机构聘用的所有考评员汇总表。专职考评员聘用证明包括考评员与考评机构签订的劳动合同或者聘用协议复印件等证明材料。考评员培训合格证明包括

考评员资格证复印件。其他相关材料是除了上述三个材料之外的补充材料。

全国将建立考评员数据库，各地交通运输主管部门和长江航务管理局、珠江航务管理局要将所有考评员管理信息录入到全国考评员数据库，有关单位可以查看考评员和考评机构的相关信息，同时可以了解对企业进行标准化考评的相关信息。

第十四条　考评机构应对企业考评工作资料、现场审查记录、音像资料及相关证明材料及时归档，妥善保管，不得泄露被考评企业的技术和商业秘密。档案存档时间不得低于5年，并至少包括下列材料：

（一）被考评企业的基本情况；

（二）被考评企业安全生产相关文件目录；

（三）现场抽查情况；

（四）考评组及考评员对企业的考评意见和相关整改意见；

（五）考评员资格证复印件。

【释义】　本条是关于考评机构对考评材料归档的规定。

考评机构在对企业实施安全生产标准化达标考评过程中，会搜集到有关材料。这些材料一方面是支撑考评结论的基础资料，另一方面也是主管机关了解企业基本概况和安全生产情况的重要途径。因此，妥善保存这些材料具有十分重要的意义。

本条针对考评机构对考评活动过程中搜集的材料归档进行了规定，主要包含三个方面的含义：

一是考评机构应对考评活动的相关资料进行归档，主要包括企业考评工作资料、现场审查记录、音像资料及相关证明材料等。

二是考评机构不得泄露被考评企业的技术和商业秘密。

本条所称的商业秘密，是指不为公众所知悉、能为权利人带来经济利益、具有实用性并经权利人采取保密措施的技术信息和经营信息。根据《中华人民共和国反不正当竞争法》第十条，经营者不得采用下列手段侵犯商业秘密：

（一）以盗窃、利诱、胁迫或者其他不正当手段获取权利人的商业秘密；

（二）披露、使用或者允许他人使用以前项手段获取的权利人的商业秘密；

（三）违反约定或者违反权利人有关保守商业秘密的要求，披露、使用或者允许他人使用其所掌握的商业秘密。

第三人明知或者应知前款所列违法行为，获取、使用或者披露他人的商业秘密，视为侵犯商业秘密。

企业如果发现考评员有违反本条规定的行为，可以向主管机关或考评机构举报、投诉考评员的不当行为，以加强对考评员的约束管理，对于违反国家商业秘密等相关法律法规的，应取消其考评员资格，并移送相关部门追究法律责任。

三是档案存档时间不少于 5 年。根据目前的归档，考评换证间隔是 3 年，5 年的时间间隔有利于下一次考评时查阅上次考评时的有关原始资料。

考评机构在归档时，应包括被考评企业的基本情况、被考评企业安全生产相关文件目录、现场抽查情况、考评组及考评员对企业的考评意见和相关整改意见、考评员资格证复印件。

第十五条　考评机构应当依照相关法律、法规、标准的规定，独立开展考评工作，如实反映被考评企业的安全生产状况，严禁弄虚作假，并对考评结论承担责任。与申请考评的企业存在利害关系的，应当回避。

【释义】　本条是关于考评机构从业行为的规定。

一、关于考评工作独立性

考评机构开展交通运输企业安全生产标准化考评，是主管机关赋予考评机构的重要职责，既包含主管机关对考评机构技术能力的认可，也包含对考评机构从业道德的信任。考评机构应严格按照相关法律、法规、标准的规定，独立开展考评工作，客观、如实反映被考评企业的安全生产状况。这里“独立”是指，考评机构不应受到相关管理部门意见的左右，不应受到被考评企业利益等方面的干扰，坚持一切从安全科学技术的角度出发，有理、有据对企业安全生产现状进行考评。

二、关于考评工作的公正性

考评机构在对企业进行考评时，严禁弄虚作假，并对考评结论承担责任。主管机关一旦发现考评机构存在弄虚作假行为，考评结论与事实严重不符等情况，除对企业达标等级进行处理外，还将根据相关规定追究考评机构的责任。为了确保考评结论公正，考评机构与企业存在利害关系的，应当回避。考评机构对交通运输企业进行安全生产标准化考评工作，参加考评的每一位考评员，都要在考评结论上签字确认，考评机构并要将签字文书存档5年以上。

第十六条　考评机构有下列情形之一的，应当申请变更：

（一）机构名称和法定代表人变更的；

（二）停业、破产或有其他原因终止业务的；

（三）从事专职管理和考评工作的人员发生重大变化的。

【释义】　本条是关于考评机构申请变更的规定。

本条规定，考评机构有下列三种情形之一的，应当申请变更：

一是机构名称和法定代表人发生变更。申请变更时，应提交机构名称、法定代表人变更的原因，相关部门出具的证明材料。

二是停业、破产或有其他原因终止业务。申请变更时，应提交终止业务的原因说明，以及相关证明材料。

三是从事专职管理和考评工作的人员发生重大变化。通常是指，从事专职考评管理和考评工作的人员人数、证书类别发生重大变化。

此外，考评机构主要领导发生变化、专职考评人员数量变化或考评机构的人员出现违法违纪被处理等情况也要向相应主管机关报告。

第十七条　考评机构对企业进行考评前，应告知企业所在地主管机关。

【释义】　本条是关于考评机构实施考评前告知主管机关的规定。

不论是一级考评机构还是二级三级考评机构对交通运输企业进行安全生产标准化达标考评，都要首先告知企业所在地主管机关，对企业的安全管理属地具有管理责任，考评机构应向当地主管部门报告考评情况，所考评的企业安全生产状况等，以便于当地主管机关更好地了解企业安全生产实际，能够更加有效地加强安全生产监管，促进企业安全生产，提高企业安全生产水平。

考评机构在对企业实施考评前，应告知企业所在地主管机关。本条主要包括两层含义：

一是“所在地”是以属地原则为准，即被考评企业所在市、县、区。

二是被告知的主管机关应是对企业安全监管负有职责的主管机关。

第十八条　考评机构的考评工作不得以盈利为目的，不得利用考评工作谋取其他利益。

【释义】　本条是关于考评机构自律方面的规定。

交通运输企业安全生产标准化工作，其主要目的是通过达标创建提升企业安全生产水平，促进行业安全生产再上新台阶。因此，考评工作的首要目的不是盈利，而是以评促建、以评促改。同时，考评机构不得利用考评工作谋取其他方面的利益，特别是与企业有相关业务往来的不可以参与考评，考评机构派出的考评员不能与被考评企业存在利害关系，杜绝考评机构或考评员与被考评企业出现利益交换、利益输出等。

第十九条　考评机构应进行年度考评工作总结，并于次年1月底前报主管机关。

【释义】　本条是关于考评机构上报年度考评工作总结的规定。

为了便于主管机关了解考评机构一年来的工作情况，考评机构应进行年度工作总结，总结材料应主要包括以下几个方面内容：一是本考评机构内部管理的基本情况概述；二是对考评员的管理情况；三是考评交通运输企业的数量以及考评的交通运输企业存在主要问题情况；四是对交通运输企业安全生产标准化考评工作好的做法经验总结以及相关工作建议等等。各考评机构要将年度考评工作总结于次年1月底前报相应主管机关。

第二十条　主管机关及其工作人员应当坚持公开、公平、公正的原则，严格按照法律法规和本办法规定，对考评机构和考评员进行监督管理。

【释义】　本条是关于主管机关及其工作人员对考评机构和考评员实施监督管理原则的规定。

公开、公平、公正是现代行政程序中的重要原则。公开、公平、公正是相互联系的。公正是目的，公开是一种手段，公平促进公正、公开的实现。公正必然要求行政行为公开，“暗箱操作”没有客观、公正可言。公开、公平、公正需要通过程序来保障和实现。没有法定的程序，这些原则既无法实现，也没有判断标准。在主管机关及其工作人员对考评机构和考评员进行监督管理时，应当遵循公开、公平、公正的原则。遵循这三个原则，有利于规范保护考评机构和考评员的合法权益。主管机关有权对考评机构和考评员在考评实施过程中进行监督管理，主管机关要进行抽查、随检等，发现存在问题的考评机构或考评员，要依据有关规定进行警告、限期整改直至对考评机构或考评员吊销资质，构成犯罪的，要移交司法部门进行处理。

第二十一条　主管机关应当采取专家评议、征求被评审企业意见、抽查考评文件等方式,对其认定的考评机构的考评活动进行监督、检查和指导。

【释义】　本条是关于主管机关对考评活动进行监督、检查和指导方式的规定。

主管机关对其认定的考评机构的考评活动进行监督、检查和指导时,应采取的方式包括:专家评议、征求被评审企业意见、抽查考评文件等。

专家评议的方式主要是:主管机关邀请相关专业的专家,对整个考评活动过程的合法性进行评议;对考评结论的合理性进行评议等。征求被评审企业意见的方式主要是:主管机构可通过互联网、文件信函等。抽查考评文件的方式主要是:抽查考评活动整个过程中的相关文件材料。

第二十二条　主管机关发现考评机构存在问题的,应向考评机构下达整改通知书,要求考评机构及时整改。整改结束后,考评机构应向主管机关提交整改报告。

【释义】　本条是关于考评机构接受主管机关监督的规定。

主管机关全面负责交通运输企业安全生产标准化建设工作。主管机关有责任也有义务加强对考评机构的管理,规范从业行为。主管机关发现考评机构存在问题的,应及时向其下达整改通知书,要求及时整改。为了了解整改情况,考评机构应向主管机关提交整改报告,整改期限内完成整改要求的考评机构,可以对其整改通知书销号,如在期限内未整改合格,可暂停其参与交通运输企业安全生产标准化达标考评工作,情节严重的,可吊销其资格。

第二十三条　任何单位和个人有权向主管机关实名举报考评机构。主管机关应当及时受理、组织调查处理,并为举报人保密。

【释义】　本条是关于考评机构接受社会监督的规定。

除了主管机关外,考评机构还需接受社会的监督,任何单位和个人都有权向主管机关举报考评机构。需要注意的是,举报的方式要采取实名的方式。主管机关应公布举报电话、设立举报信箱,对任何单位和个人实名举报的要及时受理,组织对举报问题逐一调查,并为举报人保密,调查结果要向举报人反馈,一旦查明考评机构存在问题,要及时按照有关规定进行处理。

第二十四条　考评机构有下列情形之一的,原发证主管机关应当撤销其考评资质,并收回资质证书:

(一)违反有关考评规定和违法违规行为,不宜继续从事考评工作的;

(二)考评机构未按照主管机关整改通知书要求整改或整改不合格的;

(三)资质证书有效期满未申请换证或申请换证但未获得认可的;

(四)按照有关法规、规定,应予以撤销的。

【释义】　本条是关于撤销考评资质的规定。

考评机构在开展交通运输企业安全生产标准化考评时,应严格按照有关法规的要求,遵循客观、公正、公开、透明的原则,本着对主管机关负责、对被考评企业负责的态度,认真履行主管机关赋予的考评权利。考评机构一旦出现下列情形之一的,原发证主管机关应当撤销其考评资质,并收回资质证书:

一、违反有关考评规定和违法违规行为,不宜继续从事考评工作的

考评机构有为了谋取不正当利益,没有严格按照考评相关管理规定实施开展考评工作,弄虚作假、徇私舞弊、故意泄露企业商业机密、考评走过场等违规行为的,应撤销其考评资质。此外,考评机构出现违法行为,触及法律的,应撤销其考评资质。

二、考评机构未按照主管机关整改通知书要求整改或整改不合格的

根据本《办法》的第二十二条规定:主管机关发现考评机构存在问题的,应向考评机构下达整改通知书,要求考评机构及时整改。整改结束后,考评机构应向主管机关提交整改报告。考评机构应按照主管机关下发的整改通知书要求,

逐项核查进行认真整改。如果考评机构没有按照整改通知书进行整改或整改不合格的,原发证主管机关应当撤销其考评资质,并收回资质证书。

三、资质证书有效期满未申请换证或申请换证但未获得认可的

根据本《办法》第八条:资质证书有效期满需要换证的,应于期满前3个月内向主管机关提出换证申请,经主管机关审查合格的可以换发证书;不合格的,不予换发证书。

交通运输企业安全生产标准化考评机构资质证书的有效期为5年,资质证书有效期满前需要换证,换证时应在期满前的3个月内向主管机关提出换证申请,经主管机关审查合格的给予换发证书,不合格的,不予换发证书。如考评机构在有效期满前3个月内未向发证主管机关提出换证申请,或提交换证申请未获得认可的,原发证主管机关应当撤销其考评资质,并收回资质证书。

四、按照有关法规、规定,应予以撤销的

除上述三种情况外,考评机构及其考评人员违反有关法规、规定的,主管机关应撤销资质。如:

《中华人民共和国刑法》第二百二十九条:承担资产评估、验资、验证、会计、审计、法律服务等职责的中介组织的人员故意提供虚假证明文件,情节严重的,处五年以下有期徒刑或者拘役,并处罚金。

前款规定的人员,索取他人财物或者非法收受他人财物,犯前款罪的,处五年以上十年以下有期徒刑,并处罚金。

第一款规定的人员,严重不负责任,出具的证明文件有重大失实,造成严重后果的,处三年以下有期徒刑或者拘役,并处或者单处罚金。

考评机构不仅承担交通运输企业安全生产标准化考评工作,也负有建立相关制度,加强对机构工作人员、考评员等人员的管理,加强对建档、设备设施的管理责任。如果考评机构聘用的考评员出现违法行为,主管机关应撤销考评机构资质,收回证书。

第五章　附　　则

第二十五条　本办法自颁布之日起实施。

【释义】　本条是关于本《办法》实施时间的规定。交通运输部办公厅于2012年6月12日下发了《关于印发交通运输企业安全生产标准化相关实施办法的通知》(厅安监字〔2012〕134号),本办法开始实施。

附件

交通运输企业安全生产标准化考评机构

申

请

表

申请日期：　　年　月　日

中华人民共和国交通运输部制

交通运输企业安全生产标准化考评机构申请表

单位名称			
业务范围			
何时成立		批准单位	
法人代表		单位类别	
申请类别		申请级别	
拟从事考评人数		其中高级职称人数	
从事相关业务经历	年	申请从事业务地域	
主管机关			
主要业绩			
相关附件	1. 单位基本情况		☐
	2. 考评管理制度______个		☐
	3. 拟从事专职考评人员情况(含劳务意向协议)		☐
主管机关意见	(电子签名)　年　月　日		
备　注			

说明:拟从事考评人数,应填写已获取考评员培训、考试资格,并与本单位签订专职劳务意向协议的人员数量。拟从事专职考评人员情况,应含其个人关键信息。

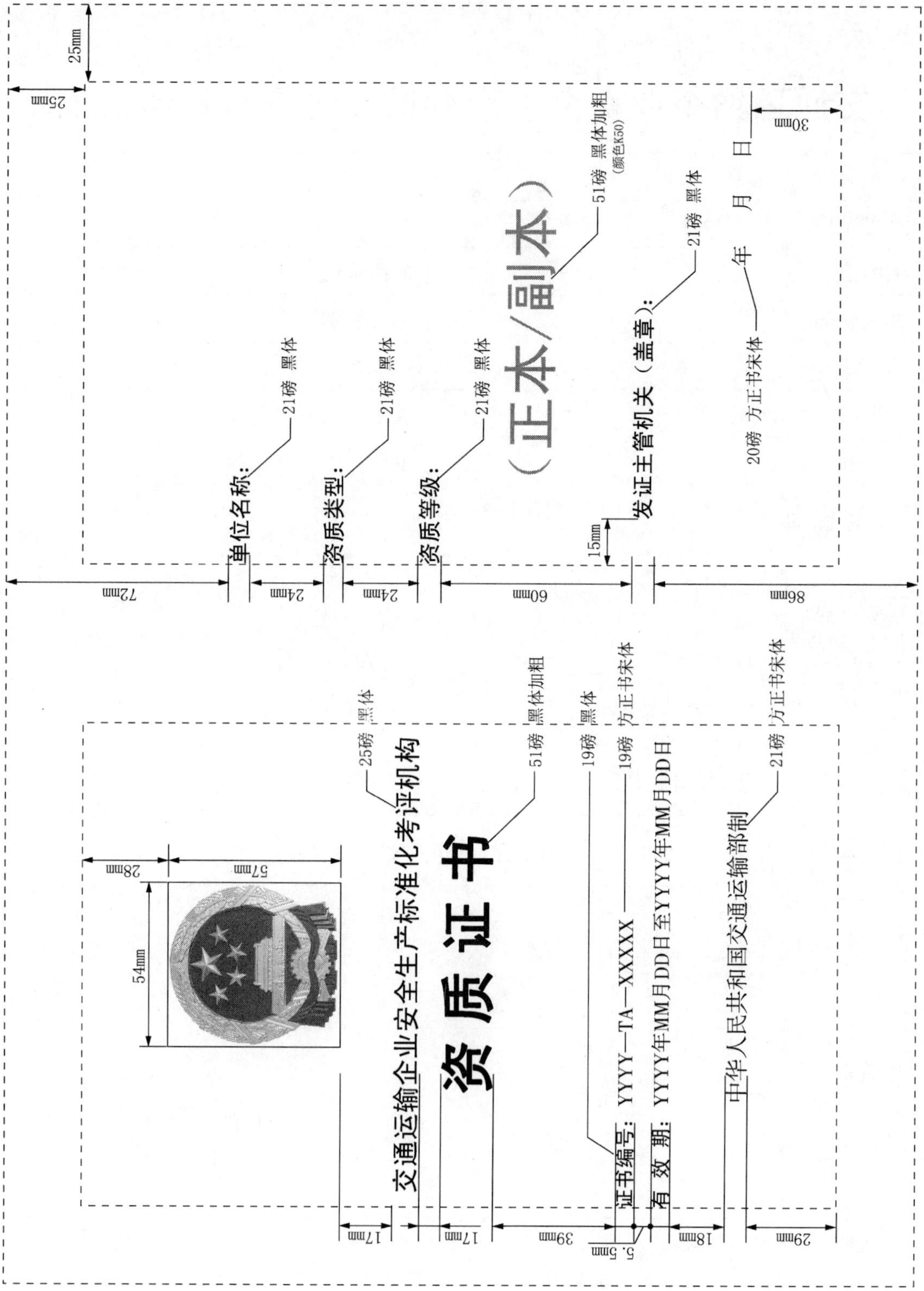

28mm
54mm
57mm
17mm
25磅 黑体
交通运输企业安全生产标准化考评机构
17mm
资质证书
51磅 黑体加粗
39mm
19磅 黑体
5.5mm
证书编号：YYYY—TA—XXXXX
19磅 方正书宋体
有 效 期：YYYY年MM月DD日至YYYY年MM月DD日
18mm
中华人民共和国交通运输部制
21磅 方正书宋体
29mm

25mm
25mm
72mm
单位名称：
21磅 黑体
24mm
资质类型：
21磅 黑体
24mm
资质等级：
21磅 黑体
60mm
（正本/副本）
51磅 黑体加粗
（颜色K50）
15mm
发证主管机关（盖章）：
21磅 黑体
86mm
年　月　日
20磅 方正书宋体
30mm

证书说明

1. 资质证书纸张大小为420mm×297mm(A3),带底纹。

2. 资质证书编号格式为YYYY—TA—XXXXX。YYYY表示年份;TA表示发证主管机关(01表示交通运输部,02表示北京市,03表示天津市,04表示河北省,05表示山西省,06表示内蒙古自治区,07表示辽宁省,08表示吉林省,09表示黑龙江省,10表示上海市,11表示江苏省,12表示浙江省,13表示安徽省,14表示福建省,15表示江西省,16表示山东省,17表示河南省,18表示湖北省,19表示湖南省,20表示广东省,21表示海南省,22表示广西自治区,23表示重庆市,24表示四川省,25表示贵州省,26表示云南省,27表示西藏自治区,28表示陕西省,29表示甘肃省,30表示青海省,31表示宁夏自治区,32表示新疆自治区,33表示新疆生产建设兵团,34表示长江航务管理局,35表示珠江航务管理局);XXXXX表示序列号。

3. 资质类别分为道路运输、水路运输、港口码头、城市客运、交通运输工程建设5个类型。

4. 资质等级分一级、二级、三级3个级别。

5. 国徽图案的制作及使用应遵守国家相关法律和规范。

6. 发证主管机关印章使用圆形封口章,名称统一为"＊＊＊企业安全生产标准化达标专用章","＊＊＊"为发证主管机关名称,"达标专用章"封口。例:"＊＊省交通运输厅企业安全生产标准化达标专用章"、"＊＊省＊＊市交通运输局企业安全生产标准化达标专用章"。

7. 证书电子模板可在交通运输企业安全生产标准化管理信息系统下载。

8. 证书正本1份,副本3份。

第四篇　交通运输企业安全生产标准化考评员管理实施办法释义

第一章　总　　则

【释义】 总则是对制定目的、依据、适用范围、基本原则以及其他一些重要问题作出规定，具有宏观指导作用。总则中的有关原则和制度，在其后的条文中一般都有具体体现和明确规定。《交通运输企业安全生产标准化考评员管理实施办法》（以下简称《考评员管理实施办法》）总则共分六条，分别规定了《考评员管理实施办法》的立法目的和依据、交通运输企业安全生产标准化考评员（以下简称考评员）的定义、分类、适用范围、管理权限和原则。总则内容为后续各章节具体内容确定了方向和原则。

第一条　为加强交通运输企业安全生产标准化考评员的管理，规范其考评行为，根据《交通运输企业安全生产标准化考评管理办法》等有关规定，制定本办法。

【释义】 本条是关于《考评员管理实施办法》立法目的和立法依据的规定。

考评员是交通运输企业安全生产标准化考评活动的具体执行者，其专业知识、考评技能和职业道德等方面的素质直接决定了考评活动开展的质量，是交通运输企业安全生产标准化考评工作的关键因素。2012 年 4 月，交通运输部正式印发了《交通运输企业安全生产标准化考评管理办法》（交安监发〔2012〕175 号），该办法是交通运输企业安全生产标准化建设工作的总体宏观纲领性文件，对各级交通运输管理部门管理权限、考评机构和考评员基本准入条件和权利义务、考评与发证活动、相关责任与义务等作出了规定。《考评员管理实施办法》是依据《交通运输企业安全生产标准化考评管理办法》有关规定，对考评员资格申请条件、培训考试与登记、资格证管理以及考评员日常管理等方面工作作了进一步规范。按照国务院相关工作部署和部领导批示要求，部安委办在起草交通运输企业安全生产标准化建设实施方案的同时，迅速组织力量着手起草考评管理办法、考评机构、考评员和考评发证管理实施办法。整个起草工作历时约10个月，经10余次多种形式征求部内司局、各地交通运输主管部门及部分企业共90余家单位的意见，20次集中讨论修改，完成送审稿，于2012年4月由部领导同意，印发全行业。

第二条　本办法所称考评员是指经专业培训并考试合格、取得资格证书的人员。

【释义】 本条是关于《考评员管理实施办法》中考评员定义的规定。

考评员是指符合一定基本条件，经个人通过交通运输企业安全生产标准化管理系统申请，省级交通运输主管部门审核同意，参加省级交通运输主管部门组织的相应类型考评员资格培训，并参加交通运输企业安全生产标准化相应类型考评员考试，成绩合格，获得相应类型考评员资格证书的人员。考评员是交通运输企业安全生产标准化考评活动的具体执行和企业安全生产达标情况逐项评分的裁量人员。考评员的综合素质直接关系到交通运输企业安全生产标准化建设质量，也直接关系企业安全生产标准化达标等级结论。为加强交通运输企业安全生产标准化考评员管理，确保考评员专业素质、考评技能和职业道德素质，交通运输部门应严格考评员从业资格管理，把好关口：一是严把源头关，对考评员申请人员的专业工作经历、学历、技术职称和年龄要有严格要求；二是严把培训考试关，对符合条件的考评员资格申请人员，从基础知识、专业知识和考评知识三个方面进行全面系统的培训，并按照《交通运输企业安全生产标准化考评员考试大纲》的要求，组织资格考试；三是严把动态监管关，考评员每年应接受不少于8小时的再教育，主管机关应督促指导考评机构应对所聘考评员进行跟踪管理，对被举报、投诉或被查出违反有关法律法规等行为，组织调查核实，一经核实应依法依规，严肃处理。

本办法及释义所称“主管机关”在《交通运输企业安全生产标准化考评管理办法》中已经明确规定，是指各省、市、自治区以及新疆生产建设兵团交通运输主管部门，即交通运输厅、局、委，以及长江航务管理局和珠江航务管理局。

考评员资格考试因涉及培训质量评定和人员选拔等目的，则应按照考培分离的原则，应实行统一的鉴定标准和规范，建立公正的考核鉴定制度，并形成权威的资格认证体系，因此只有通过专门的鉴定机构，采取考培分离的原则实施职业技能鉴定，才能公正地评价各种职业培训的教学质量和水平。

各地考评员资格培训与考试要严格实行考培分离。所谓考培分离，考评员资格培训和考评员资格考试要分开组织，分开实施，即培训单位不能自己考核鉴定自己培训的人员，需由省级主管机关统一组织或指定机构组织实施命题、考试和阅卷工作，以保证考评员资格考试的规范和公平、公正。

第三条　考评员的分类、资格认定、考评活动以及对考评员的监督管理适用本办法。

【释义】　本条是关于《考评员管理实施办法》适用范围的规定。

本条对《考评员管理实施办法》所调节的适用对象和内容作了明确界定，是《考评员管理实施办法》是最基本和核心的内容之一，它直接涉及本《考评员管理实施办法》的适用范围和管理力度。本《考评员管理实施办法》适用范围包括考评员的分类、考评员资格申请条件和考评员培训考试与登记的有关要求、考评员和考评员资格证的管理等。其中考评员的分类是按照交通运输五种类型进行划分的，即：道路运输、水路运输、港口营运、城市客运和交通运输工程建设五类；考评员资格分类不分级，取得相应类型的考评员均可以在该类型一、二、三级考评机构从事考评工作。考评员资格申请条件是指拟从事交通运输企业安全生产标准化考评工作人员应具备的基本条件，包括考评员资格申请人员的法律法规遵守情况、职业道德、专业工作经历、学历、技术职称和年龄等有关要求。考评员资格申请人员的培训与考试由省级交通运输主管部门、长江航务管理局和珠江航务管理局组织实施,考评员资格申请人员参加考试前应参加培训,考试合格后,由省级交通运输主管部门、长江航务管理局和珠江航务管理局核发考评员资格证。

第四条　交通运输部负责指导全国考评员的管理。省级交通运输主管部门、长江航务管理局、珠江航务管理局负责其管辖范围内的考评员管理工作。

【释义】 本条是关于考评员管理权限的规定。

本条对交通运输企业安全生产标准化考评员管理工作的职责分工进行了明确规定,总体上分为两级:即交通运输部负责对全国交通运输企业安全生产标准化考评员资格管理工作的指导,包括制修订相关政策、培训教材、考试大纲,逐步形成并完善考试题库,指导地方对符合要求的考评员资格申请人员进行培训和考试、发证,制定统一证书样式,管理全国考评员基本信息,并对其进行分析,指导各地加强考评员管理和再教育等工作,提升考评员综合素质。各省级交通运输主管部门、长江航务管理局、珠江航务管理局负责管理其管辖范围内的考评员资格申请受理、考评员资格申请人员培训和考评员资格考试的命题、考试、阅卷以及证书发放等工作,负责考评员后期再教育和监督管理。

这里应注意两个方面:一是交通运输部不受理考评员资格申请,不组织考评员资格培训和考试,考评员具体管理工作由各省级主管机关实施。二是各省级主管机关,即省级交通运输主管部门、长江航务管理局、珠江航务管理局不得委托下属单位或下级交通运输部门行使考评员管理职责,确保管理规范和考评员队伍素质的稳定。

第五条　考评员专业类型分为道路运输、水路运输、港口营运、城市客运、交通运输工程建设五种。

【释义】 本条是关于考评员专业类型分类的规定。

考评员从业对考评员专业知识背景十分依赖，交通运输行业各领域安全生产工作所涉及的法律法规、规范标准和专业技术差异较大。例如：道路运输与水路运输，其交通运输工具的技术原理、设备、运行环境、维护和操作等相去甚远；道路运输与交通运输工程建设安全生产工作内容更是有着本质的差别。

2008 年十一届全国人大一次会议批准的《国务院机构改革方案》，将原建设部指导城市客运的职责整合划入交通运输部。交通运输部负责指导全国城市公交、出租汽车和城市轨道交通运营管理工作，各地也逐步理顺出租汽车管理体制，基本完成了职责移交工作，形成了城市客运由交通运输主管部门负责管理的体制。

按照交通运输行业安全生产领域的特点，结合交通运输企业安全生产标准化达标考评指标分类，本《考评员管理实施办法》按照相近归类的指导思想，将考评员专业类型分为道路运输、水路运输、港口营运、城市客运、交通运输工程建设 5 大类型，其中道路运输类型考评员可以从事对道路旅客运输、道路危险货物运输、道路普通货物运输、道路货物运输场站、机动车维修、汽车客运站等 6 个类别企业的达标考评；水路运输类型考评员可以从事对水路旅客运输、水路普通货物运输、水路危险货物运输等 3 个类别企业的达标考评；港口营运类型考评员可以从事对港口客运（滚装、渡船渡口）码头、港口普通货物码头、港口危险货物码头等 3 个类别企业的达标考评；城市客运类型考评员可以从事对城市公共汽车客运、城市轨道交通运输、出租汽车等 3 个类别企业的达标考评；交通运输工程建设类型考评员可以从事对交通运输建筑施工类别企业的达标考评。

各地省级主管机关，可根据职责，结合实际情况，将上述 5 大类型 16 个类别之外的企业，如高速公路运营、驾驶员培训、公路养护、航道疏浚维护等类别企业纳入到交通运输企业安全生产标准化达标考评范围，报交通运输部备案，并按照交通运输部相关文件要求和格式制定相应达标考评指标及实施办法，同时将新增类别作为考评员类型的第 6 种“其他类型”，按照本办法规定，经报名、培训和考试合格后发放证书，所有环节仍应通过交通运输企业安全生产标准化管理系统走流程。

第六条　考评员资格管理工作应当公平、公正、公开。

【释义】　本条是关于考评员资格管理工作基本原则的规定。

公平、公正、公开是现代行政法的基本原则。“公开”是对政府的要求，其最重要的价值是建立透明政府、廉洁政府，保障相对人和社会公众的知情权，防止腐败。“公平”是对行政相对人而言的，公平最重要的价值是保障法律面前人人平等和机会均等，避免歧视对待。“公正”是相对于行政机关而言的，它维护正义和中立，防止徇私舞弊。“公开、公平、公正”是一个相互联系、不可分割的统一整体。公平、公正和公开是相互联系的。公平、公正是目的，公开是一种手段，公开促进公平、公正的实现。公平、公正必然要求行政行为公开，“暗箱操作”没有公平、公正可言。公平、公正、公开需要通过程序、制度来保障和实现。没有明确的程序和制度，这些原则将没有执行的依据、判断的标准，将无法真正落到实处。在交通运输企业安全生产标准化考评员管理工作中，应当遵循公平、公正、公开原则。遵循这一原则，有利于规范考评员从业资格管理工作，保障考评员合法权益，指导和监督各级交通运输主管部门和安全生产监管机构正确行使监督管理的权利。

为确保公平、公正、公开原则得到有效贯彻执行，各省级主管机关应设立举报电话，接受社会监督。

第二章　资格条件

【释义】　本章从第七条到第九条，共三条，是对交通运输企业安全生产标准化考评员资格申请人员的资格条件的规定，主要包括资格申请条件、申请方式、申请材料和申请类型等内容。

考评员申请的资格条件是参加考评员资格培训和考试的前置条件，是对考评员的最基本的要求，是对交通运输企业安全生产标准化考评员综合素质把关的重要环节。

第七条　凡中华人民共和国公民，遵守法律、法规和规章，恪守职业道德，符合下列条件的，均可报考考评员。

（一）具有大学专科以上学历，相关专业技术职称，且从事交通运输相关工作5年以上；

（二）熟悉交通运输安全生产法律法规及相关规定；

（三）有较强的组织协调能力和文字语言表达能力；

（四）年龄原则上不得超过60周岁，身体健康。

【释义】　本条是对考评员资格申请人员基本条件的规定。

本条对考评员资格申请人员应该满足的基本条件进行了明确，是参加考评员资格考试的前提。本条所称中华人民共和国公民不含港澳台同胞。考评员资格申请人员在资格申请前应对照确认是否符合条件，不符合的不应报考，符合的通过交通运输企业安全生产标准化管理系统注册向户籍所在地或常住地省级交通运输主管部门或长江航务管理局、珠江航务管理局申请，省级交通运输主管部门或长江航务管理局、珠江航务管理局通过交通运输企业安全生产标准化管理系统接收到考评员资格申请信息后，应对考评员资格申请人员信息进行审查，不符合的不予通过，符合的参加培训学习后参加考评员资格考试。

考评员是企业安全生产标准化达标考评的关键环节，是考评活动的具体执行者，是企业安全生产工作水平的裁判。考评员综合素质从某种意义来说决定了交通运输企业安全生产标准化建设工作的好坏，也决定了考评活动能否实现公正、公平。考评员资格申请基本条件和培训、考试都是严把考评员资格关的重要手段。

考评员资格申请人员首先要具备良好的道德品质,恪守职业道德,没有违法乱纪等行为记录,有较强的责任感和自律意识。考评员良好的职业道德是保证考评公平、公正的最基本要求。

考评员资格申请人员应具备大学专科以上学历,中专学历,具有10年以上从事相关工作经历,可视为等同具有大专学历。学历是学习能力和知识面和深度的一种衡量,是综合文化水平的反映。文化水平是综合素质的重要构成部分,对考评员资格申请人员学历的要求本质上是要求考评员必须具备较强的学习能力、系统的知识结构和一定的综合文化水平。

考评员资格申请人员应取得相关专业技术职称。本条中相关技术职称是指与所申请资格类型相关联的初级以上技术职称。考评员具备相应专业技能(包括相关原理和操作规程)是开展企业安全生产标准化达标考评必备的专业知识基础,是公平、公正考评的关键。技术职称是对考评员资格申请人员专业技术能力的评价依据,因此本条对考评员资格申请人员专业技术职称作了相应要求。

由于国家公务员法和职称评审管理规定明确公务员不参加有关技术职称评定,考虑到部分地区和单位主管机关或相关管理部门可能直接组织管理人员对安全生产标准化达标申请企业进行考评,在此情况下,公务员和不参加职称评定的行政事业单位安全管理人员将作为考评员从事考评活动。因此,结合实际,直接从事交通运输安全生产相关工作3年以上的公务员和不参加职称评定的行政事业单位相关工作人员,经本人通过交通运输企业安全生产标准化管理系统申请,省级交通运输主管部门或长江航务管理局、珠江航务管理局审核同意,参加考评员资格培训考试,可颁发考评员资格证书。

熟悉交通运输安全生产法律法规及相关规定、规范和标准,是考评员开展企业安全生产标准化达标考评工作的重要基础。首先,考评员在考评活动中必须遵守相关法律法规及相关规定约束,考评员从事考评活动不得违法违规违纪,这是对考评员的最基本要求。第二,交通运输企业必须遵守安全生产相关法律法规及规定、规范和标准。依法经营是企业作为法人单位必须遵守的基本要求。第三,交通运输安全生产法律法规及相关规定、规范和标准是企业安全生产标准化达标考评指标的重要依据,部分条款甚至直接引用自相关法律法规或标准规范。熟悉交通运输安全生产法律法规及相关规定、规范和标准对于考评员理解达标考评指标和科学合理评判企业安全生产行为十分重要。

此外,考评员在考评活动中,在考评组内需要进行一定的内部组织协调工作,同时与企业相关部门和人员也要进行相关协调配合和沟通协调,考评结束后要将考评结论汇总反馈至被考评企业。因此,组织协调能力和文字语言表达能力是考评员在考评活动中应具备的基本能力。考虑到考评员在考评活动中要进行大量的现场问询、查看等工作,工作量较大,并需要进入一些危险场所,本条还规定要求考评员资格申请人员年龄原则上不得超过60周岁,身体健康,无心脏、心血管等可能影响现场考评或考评活动中容易出现危及考评员生命安全的疾病。

第八条　报考考评员的人员应通过交通运输企业安全生产标准化管理信息系统向户籍所在地或常住地主管机关提交申请,并附下列材料:

(一)申请表(见附件);

(二)相关证明文件(包括身份证明、学历证明、培训合格证明等的电子文档)。

【释义】　本条是关于考评员资格申请程序和应提交材料的规定。

本条规定,拟从事交通运输企业安全生产标准化考评达标考核的人员,应当通过交通运输企业安全生产标准化管理系统填写《交通运输企业安全生产标准化考评员申请表》,向申请人户籍所在地或常住地主管机关申请考评员资格。户籍所在地或常住地在湖北省申请从事长江干线航运企业考评员类型的申请人员，应向长江航务管理局提交申请；户籍所在地或常住地在广东省申请从事西江干线航运企业考评员类型的申请人员，应向珠江航务管理局提交申请；户籍所在地或常住地在新疆生产建设兵团的申请人员，应向新疆生产建设兵团交通局提交申请。“户籍所在地”是指常住户口所在地，“常住地”是指申请人办理了居住证或者暂住证的所在地。

本条所指“申请”，是指通过交通运输企业安全生产标准化管理系统向交通运输主管机关提出参加交通运输企业安全生产标准化考评员培训考试的意愿，并正确填写相关申请资料。为了加强考评员资格申请、培训、考试管理，本条明确了《交通运输企业安全生产标准化考评员申请表》的内容及格式。在填写申请表时，姓名应当与身份证明一致，工作单位填写现工作单位名称，住址填写现居住地址，主要学习经历从高中以后开始填写。相关证明文件，包括身份证明、学历证明、培训合格证明等的电子文档，应通过交通运输企业安全生产管理系统报送。身份证明包括身份证、户口本、护照；学历证明应为国家教育机构认可的毕业证明；培训合格证明是指申请人参加由交通运输主管部门组织的考评员资格申请人员培训班，完成规定学时，经考试合格，颁发的合格证明。申请人应当对填写上报申请材料的真实性、有效性负责，并承担由此产生的法律责任。

各地主管机关如将有关职责或权限委托或授权市、县级交通运输管理部门或者直属单位，被委托或授权单位可行使相应权限，但不改变委托或授权主管机关责任。因此，如果主管机关在交通运输企业安全生产标准化建设中存在将有关职责或权限授权的行为，应加强对被委托或授权单位的监督和管理，确保各项工作公平、公正、公开开展。同时，主管机关不得将涉及考评机构指派、考评员发证、企业达标审核及发证等工作委托或授权给系统内行政事业之外的单位或机构。

第九条　考评员资格最多只能申请两种专业类型。

【释义】　本条是关于考评员资格申请专业类型的规定。

本条对考评员资格申请的专业类型进行了限制。本办法第五条将考评员专业类型分为道路运输、水路运输、港口营运、城市客运、交通运输工程建设5大类型（部分地方如增加第五条释义中所称的“其他类型”，则考评员资格为6大类型），其中道路运输类型包含道路旅客运输、道路危险货物运输、道路普通货物运输、道路货物运输场站、机动车维修、汽车客运站等6个企业类别；水路运输类型包含水路旅客运输、水路普通货物运输、水路危险货物运输等3个企业类别；港口营运类型包含港口客运（滚装、渡船渡口）码头、港口普通货物码头、港口危险货物码头等3个企业类别；城市客运类型包含城市公共汽车客运、城市轨道交通运输、出租汽车等3个企业类别；交通运输工程建设类型目前只有交通运输建筑施工企业类别；其他类型可包含高速公路运营、道路养护、航道疏浚维护、驾驶员培训等企业类别。

由于交通运输企业类型类别较多，企业规模及经营范围不一，各类别企业所适用法律法规、标准规范以及达标考评指标不同，考评的内容和重点差异巨大。前面已经述及，考评员对其考评的专业领域具备一定的理论和实操知识必不可少，而考评员资格申请人员通常有自己的学习、研究和工作领域，对于自身学习、研究和工作之外的领域一般不具备系统知识体系，更难以获取实操技能，为了确保交通运输企业安全生产标准化考评工作的公平和公正，因此本条规定考评员资格申请不得超过两种专业类型，避免部分人员仅仅经过短期准备，通过培训考试获取非熟悉专业类型考评员资格，从事考评活动，而影响考评达标质量。

第三章　培训考试与登记

【释义】　本章从第十条到第十四条，共5条，是对交通运输企业安全生产标准化考评员资格申请人员的培训、考试和登记的规定，主要包括资格培训考试职责、培训考试内容、证书发放、证书登记等内容。

考评员培训考试是对考评员资格申请人员相关知识进行系统化梳理和补充,并通过考试考察其是否满足考评员资格所需要的理论知识的要求,是对交通运输企业安全生产标准化考评员综合素质把关的重要环节。

第十条　交通运输部负责组织制定考试大纲和编写培训教材。省级交通运输主管部门、长江航务管理局和珠江航务管理局按管辖范围负责组织实施培训、考试工作。

【释义】 本条是关于考评员资格考试大纲、培训教材和对考评员资格申请人员的培训、考试等工作的权限、职责的规定。

本条对考评员资格申请人员的培训考试相关工作进行明确分工。为了进一步规范考评员培训考评工作,既确保全国考评员培训考试工作的科学性和一致性,把好源头关口,结合省级交通运输管理部门、长江航务管理局和珠江航务管理局等主管机关对管辖范围内交通运输企业和相关专业人员的情况了解,便于考评员以及交通运输企业安全生产标准化,又充分发挥各级管理部门的积极性,将相关工作作如下分工:

一是交通运输部负责组织制定考试大纲和编写培训教材。首先,考评员资格考试的目的是通过考试,检验具有一定实践经验的考评员对从事企业安全生产标准化达标考评及相关业务所必需的法律法规、政策等相关知识了解、熟悉、掌握的程度,保证考评员在企业安全生产标准化达标考评及相关业务工作中正确理解、执行国家相关法律法规和政策。为了保证全国交通运输企业安全生产标准化考评员进入门槛一致,对考评员的考试要求一致,考评员考试内容和范围一致,交通运输部统一全国考评员考试大纲是十分必要的。其次,考试大纲是根据《交通运输企业安全生产标准化考评管理办法》、《交通运输企业安全生产标准化考评员管理实施办法》等编制的,上述办法是由交通运输部制定颁发,由交通运输部统一制定考试大纲把握更准确。同样,考评员培训教材由交通运输部统一编制首先是为了全国一致性和内容全面权威，同时也需要与考试大纲保持一致，相吻合；此外考评员培训教材内容涉及面广，内容较多，由各省分头编写将会耗费大量人力物力，在时间上也难以保证能按照国务院要求推进企业安全生产标准化建设进程。基于以上考虑，考评员考试大纲和培训教材由交通运输部统一制定和编制。

二是省级交通运输主管部门、长江航务管理局和珠江航务管理局按管辖范围负责组织实施培训、考试工作。考评员培训、考试工作在交通运输部统一管理、指导下，在统一考试大纲和培训教材的前提下，由省级交通运输主管部门、长江航务管理局和珠江航务管理局负责组织实施培训、考试，有以下几个方面的考虑。首先，省级主管机关对各地实际情况更了解，对各类型企业考评员应具备的基本素质和专业技能把握更准确。其次，便于各省级主管机关推进交通运输企业安全生产标准化建设工作，也更能充分发挥各地积极性。第三，便于后期考评员的监督管理，考评员实行的是属地化管理，所在地省级主管机关负责组织考评员资格培训和考试，可以掌握考评员基本情况和大量一手资料，有利于统计分析和制定针对性措施强化考评员管理。

第十一条 培训和考试应包含以下内容：

（一）安全生产相关法律法规；

（二）交通运输企业安全生产标准化相关规定；

（三）相关专业技术知识和考评技能；

（四）其他相关知识。

取证培训时间不少于 24 个学时。

【释义】 本条是关于考评员资格申请人员培训和考试内容及时间的规定。

本条是对经主管机关审核，满足考评员报考条件的考评员资格申请人员，应参加的由省级主管机关组织实施的培训和考试内容以及取证培训时间的要求。

主要有以下几个方面的要求：

第一，安全生产相关法律法规作为考评员资格申请人员的培训和考试基础内容。交通运输安全生产相关法律法规是交通运输企业安全生产工作和企业安全生产标准化建设的重要依据和基础。本款所讲的安全生产相关法律法规包括，全国人大及其常委会通过并颁发的相关法律，包括《中华人民共和国刑法》、《中华人民共和国突发事件应对法》、《中华人民共和国消防法》、《中华人民共和国安全生产法》、《中华人民共和国海上交通安全法》、《中华人民共和国道路交通安全法》等；国务院相关法律法规和规范性文件，包括《中华人民共和国内河交通安全管理条例》、《中华人民共和国道路交通安全法实施条例》、《生产安全事故报告和调查处理条例》、《危险化学品安全管理条例》、《关于进一步加强企业安全生产工作的通知》、《关于坚持科学发展安全发展促进安全生产形势持续稳定好转的意见》、《关于深入开展企业安全生产标准化建设的指导意见》等。

第二，交通运输企业安全生产标准化相关规定是考评员资格申请人员的培训和考试的重点内容。交通运输企业安全生产标准化法规和规范性文件及标准规范是考评员从事达标考评活动的依据和基础，包括《交通运输企业安全生产标准化建设实施方案》、《交通运输企业安全生产标准化考评管理办法》、《交通运输企业安全生产标准化考评发证实施办法》、《交通运输企业安全生产标准化考评机构管理实施办法》、《交通运输企业安全生产标准化考评机员管理实施办法》和《交通运输企业安全生产标准化达标考评指标》等。

第三，相关专业技术知识和考评技能是考评考评员资格申请人员的培训和考试的关键内容。考评员的主要工作是通过看、听、查、试等方式来判断企业是否按照有关规定和要求生产经营建设，是否处于安全状态，还需要在哪些方面作出改进等，具备持证领域较为全面的专业技术知识是必需的基础，否则，将看不出问题，无法给出科学、合理的评价。相关专业技术知识和考评技能包括相关专业类型企业安全管理理论基础、管理方式方法、安全管理要求、安全标准与规范、达标考评指标及含义、考评原则及方法、考评流程等。

本条所称其他相关知识，主要包括由交通运输部安全监督司组织编写的企业安全生产标准化考评指南中所述及的相关要求。

参照其他行业有关岗前培训时间的要求，考评员资格培训定为不少于24个学时，每学时为45分钟。学习方式主要为课堂理论知识授课、交流讨论和现场实践等。24学时为最低要求，各地考评员资格培训不得少于24学时。学习结束后，主管机关应颁发培训合格证书，加盖主管机关企业安全生产标准化达标专用章。

第十二条　经培训考试合格的人员，由省级交通运输主管部门、长江航务管理局、珠江航务管理局核发交通运输企业安全生产标准化考评员资格证。

直接从事交通运输安全生产行政管理工作10年以上，熟练掌握交通运输安全生产相关法规和企业安全生产标准化规定，身体健康，经本人申请、所在单位推荐、发证主管机关核准，可直接颁发考评员资格证。

【释义】　本条是关于证书发放和具有一定安全生产行政管理资历的考评员资格申请人员取证方式的规定。

部分在交通运输安全生产行政管理岗位时间较长，具有丰富的安全生产理论知识和实际管理经验，并长期指导、检查企业安全生产工作的人员参与到企业安全生产标准化考评中，将极大提升考评员整体素质，提高企业达标考评水平。为吸纳这类人员长期从事交通运输企业安全生产标准化达标考评活动，增加本条。各地省级主管机关在执行本条时应严格把关，注意以下三点：

一是直接从事交通运输安全生产行政管理工作10年以上，安全生产行政管理工作是指在各级交通运输政府机关部门或者具有行业行政管理职能的事业单位（包括各地交通运输部门下属的运管、港航、高速公路管理以及海事机构等）从事安全生产管理工作。工作经历必须10年以上，可以累积计算相关符合上述要求的多个岗位工作时间。

二是熟练掌握交通运输安全生产相关法规和企业安全生产标准化规定，身体健康。对于符合上述工作经历要求的考评员资格申请人员，主管机关还应对其是否熟练掌握相关法规和企业安全生产标准化规定进行把关，此外，这类申请人员年龄一般较大，还要考察其身体状况是否满足现场考评活动要求，包括体力、现场行动安全和常见突发疾病等方面。

三是申请程序应由本人提出申请，所在单位推荐，主管机关按照本条规定的基本条件进行审查，核准后可颁发证书。对于此类申请人员是否需要参加考评员资格培训，由各地主管机关视情况而定。

交通运输企业安全生产标准化考评员资格证的发放工作应由省级交通运输主管部门、长江航务管理局、珠江航务管理局核发。上述部门不得委托下级或其他单位或机构行使核发考评员资格证的职责。

第十三条　从事交通运输企业安全生产标准化考评工作的考评员应受聘于考评机构开展考评活动。

【释义】　本条是关于考评员应通过考评机构从事考评活动的规定。

考评员资格申请人员经过培训、考试获得考评员资格证书后，具有从事交通运输企业安全生产标准化考评工作的资格，但并不能直接对企业进行考评，必须通过考评机构，也就是与考评机构形成劳动聘用关系，受考评机构组织、派遣参与企业安全生产标准化考评活动，相关聘用情况应通过交通运输企业安全生产标准化管理系统报相应的主管机关备查。本条基于以下两点考虑：首先，企业安全生产标准化达标考评申请是通过交通运输系统向主管机关提出的，然后由主管机关指定相应考评机构对其组织考评，考评员个人无权组织考评活动。其次，考评机构经主管机关指定组织实施申请企业安全生产标准化达标考评，考评结束后出具考评结果，通过企业安全生产标准化管理系统向主管机关提交，经主管机关审查、决定是否颁发达标证书。考评员个人无法向主管机关提交考评结果，即使考评员个人对企业实施了考评，也是无效的，其结果不被主管机关所认可。

第十四条 省级交通运输主管部门和长江航务管理局、珠江航务管理局应将管辖范围内的考评员登记信息报交通运输部。

【释义】 本条是关于考评员登记信息报送的规定。

根据第四条规定，交通运输部负责对全国交通运输企业安全生产标准化考评员资格管理工作的指导，包括管理全国考评员基本信息。本条规定各省级交通运输主管部门、长江航务管理局、珠江航务管理局应将其管辖范围内的取得考评员资格人员的信息通过交通运输企业安全生产标准化管理系统报交通运输部（此项工作可由管理系统自动完成）。交通运输部汇总各地考评员信息后，掌握各地考评员数量、构成、工作领域和参加考评、培训学习情况等信息，对其进行分析，根据分析机构，结合各地实际情况，指导各地加强考评员管理和再教育等工作，提升考评员综合素质。

第四章 资格证管理

【释义】 本章从第十五条到第二十条，共6条，是对交通运输企业安全生产标准化考评员资格证管理的规定，主要包括考评员资格证样式、信息管理及变更、有效期、换证及证书补发等内容。

考评员资格证是考评员资格和身份识别的重要证件，统一考评员资格证样式，明确证书信息管理及变更方式，规范考评员资格证的管理，是对交通运输企业安全生产标准化考评员资格管理的重要内容。

第十五条 交通运输部统一规定考评员资格证样式（见附件），省级交通运

输主管部门、长江航务管理局和珠江航务管理局负责资格证的印制和发放等工作。

【**释义**】 本条是关于考评员资格证书的规定。

本条规定了考评员资格证书样式，明确了证书印制和发放工作职责。交通运输部统一规定考评员资格样式，考评员资格证为69mm×95mm大小，带底纹的卡片，考评员证编号格式为YYYY—C—TA—XXXXXX。YYYY表示年份；C表示资质类型；XXXXXX表示序列号，并印制发证主管机关印章（达标专用章）。

考评员资格证书是参加交通运输企业安全生产标准化达标考评工作或活动所应具备的基本条件和身份的证明。证书本身承载了考评员个人信息，包括姓名、身份证号、照片、证书编号和资格类别，具有身份、资格识别功能。在全国范围统一证书样式及编号的等，便于考评员和企业识别，减少了省级主管机关相关工作，也有利于后期相关信息的统计、查询、分析和监督等工作。各地主管机关、考评机构、交通运输企业和考评员都可以通过交通运输企业安全生产标准化管理系统查看考评员基础信息。

根据第四条规定，各省级交通运输主管部门、长江航务管理局、珠江航务管理局负责其管辖范围内考评员的具体管理工作，并不得授权下属单位或下级交通运输部门行使考评员管理职责。因此考评证书的印制和发放工作应由省级交通运输主管部门、长江航务管理局和珠江航务管理局负责。

考评员资格证书正面发证主管机关盖章处，应使用各省级主管机关标准化达标专用章（同比例缩小至50%左右），印章使用圆形封口章，名称统一为“＊＊＊企业安全生产标准化达标专用章”，“＊＊＊”为发证主管机关名称，“达标专用章”封口。例：“＊＊省交通运输厅企业安全生产标准化达标专用章”。

第十六条　考评员个人信息变动应及时向发证主管机关报告。

【**释义**】 本条是关于考评员基本信息变更报告的规定。

本条规定了考评员应将基本信息变更情况及时向主管机关报告。考评员基本信息,包括其姓名、户籍地或常住地、联系方式、工作单位、受聘考评机构等,主管机关对考评员的管理、统计、查询、分析和管理都依赖这些信息。考评员包含上述信息在内的基本信息发生改变时,应尽快通过交通运输企业安全生产标准化管理系统更新基本信息,向主管机关报告。

第十七条　交通运输部建立全国统一的资格证书管理信息系统。该系统包括考评员基本信息、证书信息和其他电子文档内容。

【释义】　本条是关于考评员资格证书管理信息系统的规定。

为了减小交通运输企业标准化达标考评负担和各地交通运输部门工作压力。经交通运输部领导批准,建设了交通运输企业安全生产标准化管理系统,通过该系统大大简化了企业申报,资格初审等程序,所有资料提交和工作流程处置均在管理系统上操作,实现了全程无纸化、信息化,大大提高了交通运输企业安全生产标准化工作效率。资格证书管理信息系统作为交通运输企业安全生产标准化管理信息系统的重要部分,实现了考评员基本信息、证书信息以及其他基本信息电子文档的存储和统计等功能,具有资格证书管理功能,具有权限的主管机关用户可进行考评员资格证书吊销、换发证书等操作。

各省主管机关组织实施考评员资格培训、考试和核发资格证书须严格通过资格证书管理信息系统走流程,以便于全国统一管理和证书发证的公平、公正、有序。

第十八条　考评员资格证有效期为 5 年。有效期满继续从事考评工作的,应在有效期满前 3 个月内向发证主管机关提出换证申请。

【释义】　本条是关于考评员资格证书有效期的规定。

资格证书通常设置有效期,其主要目的是确保资格证书持有人持续满足资格要求。交通运输企业安全生产标准化考评员资格证书设置有效期,主要原因有三个方面。一是科学、合理设置注册有效期,能有效加强考评员资格管理,保证考评员综合素质。二是考评员本身情况发生变化,可能发生不适合继续从事交通运输企业安全生产标准化达标工作。二是交通运输企业安全生产标准化相关法律法规发生较大变化,考评员在5年内如果没有在相关领域工作,或者很少从事达标考评活动,其是否满足考评员资格新要求需要重新认定。

对于考评员资格的有效期,既不能因为频繁换证给考评员造成过大负担,也不能因为资格证有效期过长而失去动态监管的作用。本《考评员管理实施办法》在起草及征求意见阶段,曾出现过不同意见,为了减少考评员负担,凸显其在考评员管理方面的作用,充分借鉴其他行业证书有效期管理,交通运输企业安全生产标准化考评员资格证书有限期定为5年。

有效期满继续从事考评工作的考评员,应在有效期满前3个月内,也就是证书核发日期前3个月,如,某考评员证书核发日期是2012年10月15日,则该考评员应在2017年7月15至2015年10月15日之间向发证主管机关提出换证申请。逾期不申请的,视同放弃,发证主管机关在该证书到期后应予以注销。

第十九条　考评员申请换证应提交以下材料:

(一)申请表(见附件);

(二)继续教育证明;

(三)所在考评机构出具的工作业绩证明。

【释义】 本条是关于考评员基本信息变更报告的规定。

本条规定了考评员在证书到期前申请换证应报送的有关材料,包括申请表、继续教育证明和所在考评机构出具的工作业绩证明。考评员资格证书到期换证申请表,即《交通运输企业安全生产标准化考评员申请表》,应当通过交通运输企业安全生产标准化管理系统向申请人户籍所在地或常住地主管机关申请换证，表格内容同初次资格申请，户籍、常住地等内容按本办法第八条填写。继续教育是对考评员进行知识更新、拓展和能力提高的一种持续性教育。继续教育制度有利于对考评员的知识结构进行动态更新，有利于提升考评员综合素质，不断提高达标考评水平，使其不断适应交通运输安全生产标准化建设的需要。为保证继续教育的规范和有效，继续教育证明应由各地交通运输管理部门出具。所在考评机构出具的工作业绩证明，由考评员在其资格证书有效期内最后一个聘期超过 6 个月的考评机构出具。

第二十条　考评员应妥善保管考评员资格证，不得损毁、涂改或转借他人。考评员资格证遗失者，应及时向主管机关申请补发。

【释义】　本条是关于考评员对资格证的使用及遗失补发的规定。

考评员资格证是从事交通运输企业安全生产标准化达标考评的合法、有效证件。考评员在考评活动中，应当随身携带考评员资格证，并妥善保管考评员资格证，不得损毁、涂改，特别是转借他人使用，由此引起的后果，一律由考评员自行承担。考评员资格证在使用过程中，可能会发生遗失、损毁的情况。本条规定，考评员资格证遗失包括损毁的，可以向原主管机关申请补发。需要强调的是，本《考评员管理实施办法》虽然规定考评员资格证遗失、损毁的可以补发新的资格证，但妥善保管自己的证件是考评员的义务。

第五章　考评员管理

【释义】　本章从第二十一条到第二十六条，共 6 条，是对交通运输企业安全生产标准化考评员在考评活动中的行为、主管机关监管和资格撤销、常住地变更换证的规定。

严格考评员管理是主管机关重要职责，是确保各地考评员队伍稳定，考评行为规范,考评活动公平、公正和实现交通运输企业安全生产标准化建设平稳、有序实施的重要保障。

第二十一条　考评员应当遵守下列规定:

(一)严格执行国家有关法律法规,客观公正,实事求是,保证考评工作质量和真实性;

(二)遵守考评纪律,恪守职业道德,保守考评企业技术和商业秘密;

(三)对考评工作负责;

(四)对考评结论持有异议的,可向考评机构报告,如对考评机构的认定仍有异议的,可向相应的主管机关报告;

(五)与申请考评的企业存在利害关系的,应当主动回避;

(六)自觉接受主管机关、考评机构的监督管理;

(七)年度继续教育时间不少于8学时。

【释义】　本条是关于考评员从业行为的管理规定。

本条对取得考评员资格的人员,在考评活动中和考评资格有效期间应遵守的要求进行了明确规定,共包含7个方面:一是必须严格执行国家有关法律法规,客观公正,实事求是,保证考评工作质量和真实性。这里需要强调的是必须客观公正,实事求是,考评员从事企业安全生产标准化达标考评时,如同一名裁判,判断被考评企业安全生产有关工作是否符合标准要求,或者符合标准的程度,直接影响该企业安全管理水平是否被管理部门所认可,关系到企业的发展,关系到管理部门有关政策的拟定,责任重大。考评员在考评活动中应准备把握考评标尺,真实了解企业安全生产状况,客观公正进行考评,坚决杜绝不认真、不负责,玩忽职守等行为。二是必须遵守考评纪律,恪守职业道德,保守考评企业技术和商业秘密。这里所称的商业秘密是指被考评企业不为公众所熟悉、能为权利人带来经济利益、具有实用性并经权利人采取保密措施的技术信息和经营信息。我国相关法律已经规定了保护商业秘密的条款:1997 年《中华人民共和国刑法》第 219 条规定,严重侵犯商业秘密的行为,给商业秘密权利人造成重大损失的可以构成侵犯商业秘密罪;1993 年《中华人民共和国反不正当竞争法》第 10 条规定,侵犯商业秘密的行为是违反法律的不正当竞争行为;1995 年国家工商行政管理局发布了《关于禁止侵犯商业秘密行为的若干规定》;《中华人民共和国民法通则》第 118 条关于侵害其他科技成果(包括商业秘密中的技术秘密)应承担的民事责任的规定。这里要强调考评员在企业考评期间以及考评结束后一段期限内不得利用企业的商业秘密从事个人牟利活动,非依法律的规定或者企业的允诺,不得披露、使用或允许他人使用其掌握的企业商业秘密。三是必须对考评工作负责。考评员应在达标考评评分表和考评结论上签字,并通过交通运输企业安全生产标准化管理系统对上报电子资料进行电子签名。一旦发现考评员签字文件内容与事实不符,经核查后追究责任。四是对考评结论持有异议的,可向考评机构报告,如对考评机构的认定仍有异议的,可向相应的主管机关报告。本款规定了考评员对考评小组和考评机构对企业的考评结论有不同意见时申诉的方式和途径。五是与申请考评的企业存在利害关系的,应当主动回避。本款是对考评员从事企业安全生产标准化达标考评活动应当遵循利害关系回避的规定,这里所指的利害关系是指考评员本人或亲友与被考评企业有竞争、利益关系时,考评员人为操作考评结果能为本人或者亲友谋取不正当利益的情形。六是自觉接受主管机关、考评机构的监督管理。考评员是经过主管机关培训、考试、发证认可的,具有交通运输企业安全生产标准化达标考评资格的人员,按照“谁发证、谁管理、谁负责”的原则,主管机关应对考评员进行监督和管理,考评员有接受主管机关监督管理的义务。考评员从事企业安全生产标准化考评工作必须通过考评机构进行,代表考评机构对企业进行考评,因此还应接受考评机构的监督管理。七是年度继续教育时间不少于 8 学时。国家和交通运输行业安全生产及其标准化相关法律、法规和标准、规范都在不断更新和发生变化,考评员作为企业安全生产标准化的直接评判人员，应及时掌握相关最新政策、法规和形势，参照职业资格相关要求和其他行业做法，本办法规定考评员必须接受年度继续教育，且学习实践不少于 8 学时。这里要强调的是，为避免年度继续教育变成走形式、走过场，保证年度继续教育内容和质量，本办法要求年度继续教育应由主管机关认可。

第二十二条　考评员在考评企业时，应当出示考评员资格证。

【释义】　本条是关于考评员从事考评活动出示考评员资格证的规定。

按照考评活动“公平、公正、公开”的原则，考评员在开始对企业进行安全生产标准化达标考评前应出示其考评员资格证，证明其考评活动合法、合规，并接受企业和社会监督。

第二十三条　考评员从事考评工作，应认真做好考评记录，保证考评工作规范、有序开展。

【释义】　本条是关于考评员从事考评活动做好考评记录的规定。

考评员从事企业安全生产标准化达标考评活动，按照企业经营领域安全生产标准化达标指标对企业安全生产情况评分，为保证评分的公平、公正，也便于后期备查，本办法要求考评员对考评活动做好记录，并在评分达标表上签名，为达标评分负责。

第二十四条　主管机关应对考评员的考评活动进行监督检查，其方式可采取现场检查、企业反馈意见搜集、询问等。

【释义】　本条是关于主管机关对考评员从事企业安全生产标准化达标考评监督管理的方式的规定。

主管机关对考评员从事企业安全生产标准化达标考评活动的监督管理，可分为两种方式，一种是被动监管，即接受社会举报、投诉，进行核实；一种是主动监督检查，可采取现场检查（抽查）、搜集并分析企业反馈意见、主动询问考评员本人、所在考评机构和被考评企业等，对重要反馈意见，应进行核实，对反馈意见较多的考评员，还应加大监督检查力度。

第二十五条　考评员有下列行为之一的，主管机关应当撤销考评员资格：

（一）隐瞒企业重大安全问题的；

（二）考评工作中弄虚作假的；

（三）泄露企业技术和商业秘密的；

（四）收受企业财物或者为企业谋取不正当利益的；

（五）不服从主管机关监督管理的；

（六）资格证逾期不申请换证的；

（七）其他不能胜任考评工作的。

因上述（一）、（二）、（三）、（四）原因被撤销资格证的，终身不得从事考评工作；因上述其他原因被撤销资格证的，2 年内不得申请考评员资格。

【释义】　本条是关于考评员资格撤销的规定。

考评员在考评活动中发生七个方面的违法违规违纪等行为，经核实后，主管机关应依据本条规定，及时撤销其考评员资格。一是隐瞒企业重大安全问题的，对检查出的重大安全问题，故意隐瞒；二是考评工作中弄虚作假的，如发现企业安全生产工作对照达标标准存在缺陷或问题（非重大安全问题）的，故意隐瞒，或教唆、指导企业进行非本质整改工作，应对考评，以提高考评分数等；三是泄露企业技术和商业秘密的，企业技术和商业秘密的为本办法第二十一条所述，本款所称泄露企业技术和商业秘密，含故意和非故意的，对企业造成重大损失的，还应移送司法机关，追究法律责任；四是收受企业财物或者为企业谋取不正当利益的，本款所称企业为被考评企业，财物为法律所规定的现金、购物卡或具有一定价值的实物，为企业谋取不正当利益包括达标评级或与达标评级相关的利益，且收受企业财务与为企业谋取不正当利益为并列关系，二者发生其一即满足本款条件；五是不服从主管机关监督管理的，本款包括不接受、不配合主管机关询问、调查或不接受主管机关管理，不按要求整改，不及时报告相关信息等；六是资格证逾期不申请换证的；七是其他不能胜任考评工作的，本款包括因身体原因、长期出国、行为受到法律约束等情况。

值得强调的是，因（一）、（二）、（三）、（四）款原因被撤销资格的，由于情况比较恶劣，特别是可能触犯国家相关法律，因此，本条规定此类考评员终身不得从事考评工作。因（五）、（六）、（七）款原因被撤销资格的，2 年内不得申请考评员资格，2 年后经整改，或撤销原因已被消除，主管机关同意后，可重新按照初次申请资格程序，通过交通运输企业安全生产标准化管理信息系统申请考评员资格。

第二十六条　考评员常住地发生省际间变更的，应申请换发资格证。

【释义】　本条是关于因考评员常住地发生省际变更换发资格证的规定。

本办法所称考评员常住地发生省际间变更是指其主管机关（本办法第二条释义所定义）发生变更，即发证机关和管理机关发生变化的情形，为了便于主管机关对考评员的管理，及时掌握考评员的动态信息，考评员在常住地发生省际变更时，应及时通过交通运输企业安全生产标准化管理系统向变更后的所在地主管机关提出资格证换发申请，接到换发证书申请后，主管机关应结合实际情况，向申请人员换发资格证，纳入本主管机关日常管理。这里需要指出的是，主管机关可针对申请换发资格证的考评员实际情况，认为确有必要的，可要求其参加相关培训后换发证书。

第六章　附　　则

第二十七条　本办法自发布之日起实施。

【释义】　本条是关于本《考评员管理实施办法》实施时间的规定。

本《考评员管理实施办法》于2012年6月8日印发，自发布（印发）之日起实施。为贯彻落实好本《考评员管理实施办法》，各地主管机关应组织好管辖范围内的管理部门、考评机构和考评员对本《考评员管理实施办法》的学习，掌握《考评员管理实施办法》的具体规定，领会《考评员管理实施办法》的精神内涵，严格遵照执行。

附件

交通运输企业安全生产标准化考评员

申

请

表

申请类别:□道路运输　□水路运输　□港口码头

□城市客运　□交通运输工程建设

主管机关:________________________________

申请日期:________________________________

中华人民共和国交通运输部制

交通运输企业安全生产标准化考评员申请表

<table>
<tr><td>姓　　名</td><td></td><td>性别</td><td></td><td>出生年月</td><td></td><td rowspan="5">照　片(电子版)</td></tr>
<tr><td>身份证号</td><td colspan="5"></td></tr>
<tr><td>工作单位</td><td colspan="3"></td><td>职务/职称</td><td></td></tr>
<tr><td>常住地址</td><td colspan="3"></td><td>邮　　编</td><td></td></tr>
<tr><td>联系电话</td><td colspan="3"></td><td>传真号码</td><td></td></tr>
<tr><td>手机号码</td><td colspan="3"></td><td>电子邮箱</td><td colspan="2"></td></tr>
<tr><td>文化程度</td><td></td><td colspan="2">所学专业</td><td></td><td>现从事专业</td><td></td></tr>
<tr><td>申请类别</td><td colspan="6"></td></tr>
<tr><td>主要学习
（培训）
经历</td><td colspan="6"></td></tr>
<tr><td>主要工作
简　　历</td><td colspan="6"></td></tr>
<tr><td>主管机关
意　　见</td><td colspan="6">（电子签名）　年　月　日</td></tr>
<tr><td>备　　注</td><td colspan="6"></td></tr>
</table>

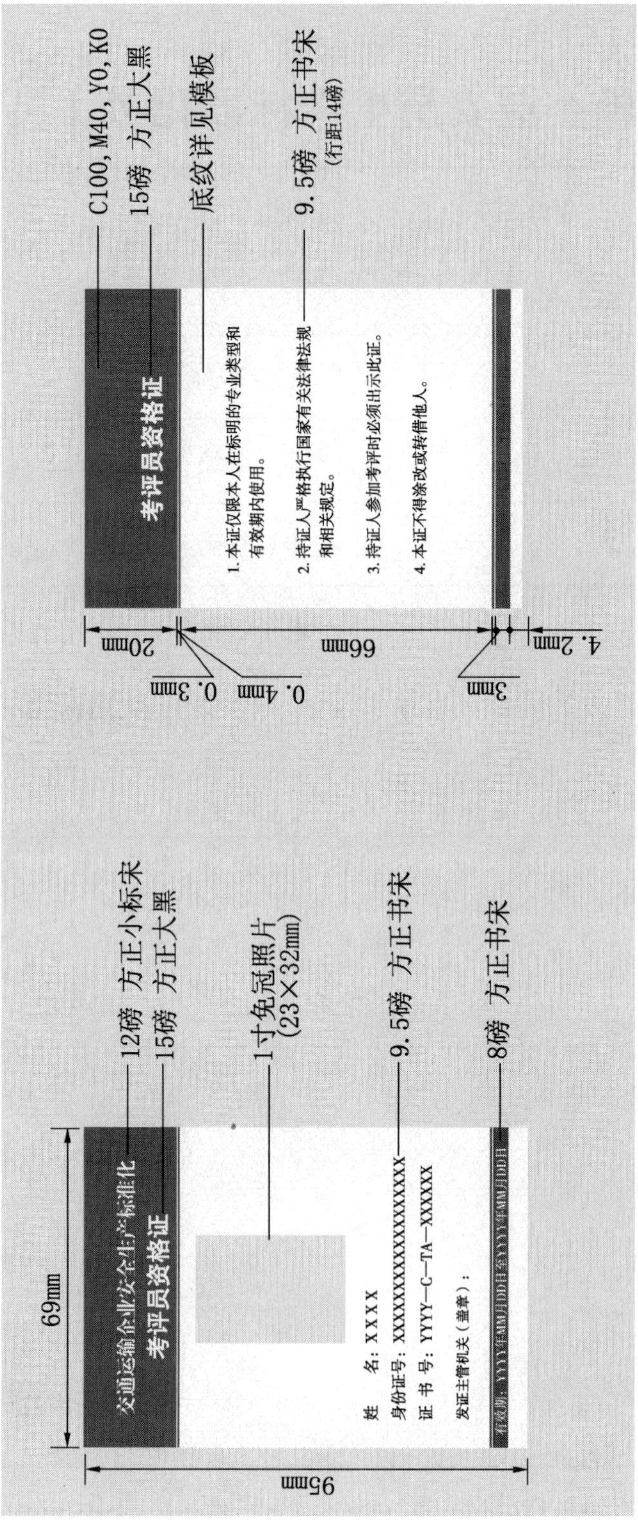

69mm

95mm

交通运输企业安全生产标准化 —— 12磅 方正小标宋

考评员资格证 —— 15磅 方正大黑

1寸免冠照片
(23×32mm)

姓　　名：XXXX

身份证号：XXXXXXXXXXXXXXXXXX —— 9.5磅 方正书宋

证 书 号：YYYY—C—TA—XXXXXX

发证主管机关（盖章）：

有效期：YYYY年MM月DD日至YYYY年MM月DD日 —— 8磅 方正书宋

—— C100, M40, Y0, K0

考评员资格证 —— 15磅 方正大黑

—— 底纹详见模板

1. 本证仅限本人在标明的专业类型和有效期内使用。

2. 持证人严格执行国家有关法律法规和相关规定。 —— 9.5磅 方正书宋（行距14磅）

3. 持证人参加考评时必须出示此证。

4. 本证不得涂改或转借他人。

20mm

0.3mm

0.4mm

66mm

3mm

4.2mm

证书说明

1. 考评员证尺寸为69mm×95mm,带底纹。

2. 考评员证编号格式为YYYY—C—TA—XXXXXX。YYYY表示年份;C表示资质类型(1表示道路运输,2表示水路运输,3表示港口营运,4表示城市客运,5表示交通运输工程建设);TA表示发证主管机关(01表示交通运输部,02表示北京市,03表示天津市,04表示河北省,05表示山西省,06表示内蒙古自治区,07表示辽宁省,08表示吉林省,09表示黑龙江省,10表示上海市,11表示江苏省,12表示浙江省,13表示安徽省,14表示福建省,15表示江西省,16表示山东省,17表示河南省,18表示湖北省,19表示湖南省,20表示广东省,21表示海南省,22表示广西自治区,23表示重庆市,24表示四川省,25表示贵州省,26表示云南省,27表示西藏自治区,28表示陕西省,29表示甘肃省,30表示青海省,31表示宁夏自治区,32表示新疆自治区,33表示新疆生产建设兵团,34表示长江航务管理局,35表示珠江航务管理局);XXXXXX表示序列号。

3. 发证主管机关印章使用圆形封口章,名称统一为"＊＊＊企业安全生产标准化达标专用章","＊＊＊"为发证主管机关名称,"达标专用章"封口。例:"＊＊省交通运输厅企业安全生产标准化达标专用章"。

4. 考评员资格证电子模板可在交通运输企业安全生产标准化管理信息系统下载。